WUYEGUANLIZHUANYE

全国高等职业技术院校 **物业管理专业** 教材

张 岩 主编

物业服务方案设计与制作

人力资源和社会保障部教材办公室组织编写

中国劳动社会保障出版社

图书在版编目(CIP)数据

物业服务方案设计与制作/张岩主编. —北京：中国劳动社会保障出版社，2015
全国高等职业技术院校物业管理专业教材
ISBN 978-7-5167-2108-7

Ⅰ. ①物… Ⅱ. ①张… Ⅲ. ①物业管理-商业服务-高等职业教育-教材 Ⅳ. ①F293.33

中国版本图书馆 CIP 数据核字(2015)第 224866 号

中国劳动社会保障出版社出版发行
（北京市惠新东街 1 号 邮政编码：100029）

*

北京市艺辉印刷有限公司印刷装订 新华书店经销
787 毫米×1092 毫米 16 开本 11.25 印张 240 千字
2015 年 9 月第 1 版 2015 年 9 月第 1 次印刷
定价：22.00 元

读者服务部电话：（010） 64929211/64921644/84643933
发行部电话：（010） 64961894
出版社网址：http://www.class.com.cn

前 言

近年来，随着国民经济的发展和城市建设的加快，我国物业管理行业进入了一个新的发展阶段，物业企业的运营模式、服务流程、管理质量等不断向标准化、专业化、信息化的方向发展。为了适应物业管理行业的发展，满足学校培养企业所需技能型人才的需要，我们组织一批教学经验丰富、实践能力强的教师与行业、企业的专家，在认真分析物业企业岗位需求和完善课程教学方案的基础上，开发了全国高等职业技术院校物业管理专业教材。

本次开发的教材包括《物业管理基础》《物业公共关系与礼仪》《物业管理法规应用》《物业管理实务》《物业环境管理》《房屋维修与管理》《楼宇智能化系统使用与维护》《物业信息系统操作技术》《物业设施设备维护与管理》《物业招投标管理》《物业经营》和《物业服务方案设计与制作》。

在教材开发工作中，我们坚持了以下原则：

第一，从职业岗位分析入手，合理构建教材的知识和技能结构，注重对学生实践能力和工作能力的培养，突出教材的职业特色。

第二，根据物业管理行业的发展现状，尽可能多地在教材中体现新的管理理念、服务模式和技术设备，充分体现教材的先进性，突出教材的时代特色。

第三，教材内容力求涵盖助理物业管理师国家职业标准的相关要求，突出职业资格证书与学历证书并重的精神。

第四，在教材编写方面，力求文字表达通俗易懂，并尽量采用以图代文、以表代文的表现形式，激发学生的学习兴趣，突出教材的易读性。

本套教材的编写得到了有关省市人力资源和社会保障部门、教育部门以及一批高等职业技术院校的大力支持，教材的编审人员做了大量的工作，在此表示衷心的感谢！同时，恳切希望广大读者对教材提出宝贵意见和建议，以便修订时加以完善。

人力资源和社会保障部教材办公室

简　介

本教材根据高等职业技术院校物业管理专业人才培养的目标和要求，由辽宁城市建设职业技术学院与相关物业服务企业合作编写。教材对物业服务方案的设计和制作进行了全面介绍，按照物业服务方案的内容分为七章，主要包括物业服务整体设想、管理模式与运作机制、人员和物资配备、物业服务费用收支测算、早期介入与前期物业服务方案、日常物业服务方案、突发事件处理方案等。

本教材由张岩任主编，谭明辉、孙丰艳、张妍妍、张国静、杨付莹、祁李参加编写，江苏省首批物业管理评审专家、江苏城乡建设职业学院彭后生副教授审稿。

目　录

绪　论

物业服务企业在确定参与招标活动、拟接管物业服务项目时，必须经相应设立的招投标管理机构审查通过后参与投标，其标书编制质量的优劣直接影响投标竞争的成败。物业服务方案是物业服务企业组织相关人员在对拟接管物业服务项目基本情况进行分析和对物业服务模式进行确定的基础上制定的，是技术标的的重要组成部分，因此物业服务方案的编制具有举足轻重的作用。

一、物业服务方案基本知识

1. 物业服务方案的概念

物业服务方案是物业服务企业对某物业服务项目的管理服务工作所做总体上的管理服务方案，是纲领性、指导性的文本，是实施企业内部管理的重要依据。

2. 物业服务方案的种类

（1）制作单位不同的物业服务方案

物业服务企业编制物业服务方案时，有两种情况：一种是物业服务企业在市场拓展过程中，应某物业开发商或物业的业主委员会的要求，编制该物业服务项目的物业服务方案，附于该项目的投标书、策划书或建议书之中，提交给开发商或业主委员会评审。另一种是物业服务企业的物业管理部门或项目管理经理对已经实施管理或将要实施管理的项目所编制的物业服务方案，用于企业内部评审和项目管理的实施依据。编制这种方案是物业服务项目经理人员应该具备的能力。

（2）不同类型物业的物业服务方案

由于物业有不同的类型，物业的服务有不同的方式，所以物业服务方案也有不同的类型。按照国内目前的实际情况，物业服务方案的分类有以下四种方法。

1）按物业性质不同，分为普通住宅物业服务方案、公寓物业服务方案、别墅物业服务方案、酒店公寓物业服务方案、办公楼物业服务方案、商场物业服务方案、工业厂房物业服务方案、学校物业服务方案、医院物业服务方案和市政设施物业服务方案等。

2）按时期阶段不同，分为早期介入物业服务方案、前期管理物业服务方案和后期（正常期）管理物业服务方案。

3）按管理性质不同，分为全权委托管理物业服务方案和单项专业物业服务方案。

4）按专业类别不同，分为物业服务的维保服务方案、安保服务方案、保洁服务方案、绿化服务方案、礼仪服务方案和其他服务方案等。

3. 物业服务方案的作用

物业服务方案实际上是实施物业服务项目服务的策划书和指导书。物业服务方案的拟写是否明了、规范，对于能否成功获得物业服务项目和有效管理起着至关重要的作用。物业服务方案的具体作用有以下几点。

（1）合理定位

通过编制物业服务方案，首先可以对物业服务项目的管理目标、管理标准、管理费用做一个合理的定位，避免造成物业服务企业、业主及相关方面产生管理纠纷。管理目标是指物业服务企业计划在某一时间段内应达到的管理服务水平。管理标准是衡量物业服务企业实现某一管理目标所应达到的尺度。管理费用则是实现管理目标、达到管理标准等一系列管理服务活动所需要的各项费用。

（2）收支有数

对物业服务项目的管理，众人最终所关心的都会集中到费用的收支情况上，每一位业主都希望花最少的钱获得最好的服务。因此，物业服务企业应把服务费用的收支情况梳理清楚，让业主和企业自身都做到心中有数。编制物业服务方案，必然要对物业服务项目的费用进行细分和测算，最后得出总的物业服务项目费和单位面积每年每月所应承担的费用标准。

（3）规范服务

物业服务方案中要对物业服务项目的运作实务进行策划，据此可以制定各项服务的运作规范和作业规范，让物业服务的每一项活动都有章可循，有规可依。运作规范和作业规范是很具体、很细致的行为准则，将保障物业服务企业为业主提供的各项服务都实现规范化。

（4）确保质量

物业服务方案编制除了提出运作规范和作业规范外，还要有如何进行质量控制和质量保证的内容。因此，通过策划方案可以解决如何确保管理服务质量的问题。通常，物业服务企业可以策划是采用传统质量管理方法还是导入 ISO 9000 质量管理国际标准、ISO 14000 环境管理国际标准、OHSAS 18000 职业安全卫生国际标准等方法来实现对物业服务的质量控制。

4. 编制物业服务方案前的准备工作

（1）收集物业服务项目资料，包括楼盘地理位置、楼盘规模、楼盘卖点、设施设备、开发商情况、开发计划、物业服务项目市场定位、规划配套、管理用房情况、销售价格、附近环境状况、治安状况、周边环境、交通状况、施工计划及目前进度、开发商售楼承诺、物业服务项目销售情况和业主构成。

（2）掌握物业服务项目对管理服务质量标准的要求。

（3）掌握业主的结构、文化、层次和素质构成，对管理服务的需求和要求标准。

（4）掌握该地区同等档次物业服务项目的物业服务水平及收费水平。

（5）掌握物业服务企业对该楼盘的接管策略、目标及可支配资料。

(6) 准备已有的管理方案作为参考。

5. 编制物业服务方案的基本要求

(1) 响应性

物业服务方案的内容、格式、投标报价必须响应并符合招标文件(包括答疑文件)中对物业服务需求的规定,不能有缺项或漏项。

(2) 针对性

物业服务方案的各项具体实施内容必须是根据招标物业服务项目的基本情况和特点制定的,整体方案必须是在调研、评估的基础上制定的,方案的内容必须符合国家及地方法律、法规的规定。

(3) 可行性

物业服务方案中对招标文件要求作出的实质性响应内容必须是投标物业服务企业能够履行的,包括各项服务承诺、工作目标及计划、具体项目的实施方案等。

(4) 合理性

制定物业服务费用价格必须合理,具体实施内容应该在满足招标方(或业主)需求的基础上制定设计科学、运行经济的方案。

6. 编制物业服务方案的一般程序

物业服务企业在确定参与招标活动后,应组织相关人员在对招标物业服务项目基本情况进行分析和对物业服务模式进行确定的基础上,制定切实可行的物业服务方案。编制物业服务方案的一般程序如下。

(1) 组织经营、管理、技术、财务人员参与物业服务方案的制定。

(2) 对招标物业服务项目的基本情况进行分析,收集相关信息及资料。

(3) 根据招标文件规定的需求内容进行分工、协作。

(4) 确定组织架构和人员配置。

(5) 根据物业服务项目资料及设施设备技术参数、组织架构及人员配备、市场信息、管理经验等情况详细测算物业管理成本。

(6) 根据招标文件规定的物业管理需求内容制定详细的操作方案。

(7) 测算物业服务费用(合同总价和单价)。

(8) 对拟定的物业服务方案进行审核、校正、调整。

(9) 排版、印制、装帧。

二、物业服务方案的要点和主要内容

1. 物业服务方案的要点

不同特点、不同性质、不同档次的物业服务项目,其物业服务方案会有很大的不同,但基本上都必须遵循以下要点。

(1) 根据物业服务项目市场定位、开发商的要求、业主结构和需求等因素,确定服务质量标准和物业管理定位。

(2) 根据物业服务项目性质、特点等因素确定物业管理方法。

(3) 制定物业服务标准与管理方法后，提出服务承诺和具体指标，列出具体落实措施。

(4) 根据开发计划、施工进度及楼盘销售情况，制订物业服务项目前期介入计划、接管计划。

(5) 根据物业服务标准、管理方法及公司支持情况，确定组织架构、人员配备等，编制适合本物业服务项目的岗位责任制、运作方法等。

(6) 针对物业服务项目规划设计、周边情况、规划配套、环境及业主构成等，制定有针对性的日常管理措施。

(7) 根据物业服务项目前期的接管计划，编制开办费用预算。

(8) 按日常管理项目、设施设备、服务项目和管理标准计算管理费收支预算，确定管理费的收费标准。

(9) 对物业服务项目出入、交通、配套设施设备提出合理化建议。

(10) 对重点管理内容展开叙述，如车场、财务管理、秩序维护等。

(11) 提出各种有特色的管理设想和提升管理服务水平的设想。

2. 物业服务方案的主要内容

(1) 关键性内容

1) 物业服务项目的整体设想与构思（物业服务项目总体模式与物业服务工作重点的确定）。包括物业服务项目情况分析、物业管理档次及目标、物业服务特点、管理服务措施。

2) 组织架构与人员配置。包括管理人员配备、管理服务人员培训和管理。

3) 费用测算与成本控制。包括财务管理、日常物业服务收支预测、维修基金的建立和使用计划。

4) 管理方式、运作程序及管理措施。包括管理运作模式、管理工作流程、管理组织架构、激励机制和信息反馈处理机制等。

以上是体现物业服务企业管理理念、管理优势和企业综合竞争力的关键性内容。因此，在制定物业服务方案的过程中，需要认真研究招标文件、深入调查分析招标项目的基本情况和业主的服务需求，运用科学、合理的方法编制切实可行的实施方案。

(2) 实质性内容

1) 管理制度的制定。

2) 档案的建立与管理。

3) 人员的培训及管理。

4) 早期介入及前期物业服务内容。

5) 常规物业服务综述。包括前期介入、业主入住、业主投诉、安全管理、车辆及交通管理、消防管理、环境保护与管理、设施设备维修与养护管理、商业用房的规划与管理等。

6) 管理指标。

7) 物资装备。

8）工作计划。

以上内容一般是对招标文件中物业服务需求的具体响应，也是具体实施物业服务中各项服务的实质性方案。在制定方案时，要结合物业服务项目的实际情况，在满足招标文件规定和招标人需求的基础上，综合反映物业服务企业的服务水平和管理特色。

三、各类物业服务项目的要点分析

基于不同类型的物业服务项目，在编制物业服务方案时需要突出的要点是有所区别的，因此要针对类型、竞争对手、资源等进行相应的分析，有针对性地编制物业服务方案，做到有的放矢。

1. 项目分析

物业服务项目主要分为住宅、商业、写字楼、社会公建项目等。

（1）住宅

对于住宅小区项目，主要从周边的物业服务项目情况、周边资源分析以及销售价格和物业服务状况来进行分析。

（2）商业

对于商业服务项目，可以从商圈分布、周边商业地位以及商业管理状况开展调查和分析。

（3）写字楼

写字楼需要根据周边写字楼分布、周边写字楼租赁价格、租售情况以及写字楼地理状况开展调查分析。

（4）社会公建项目

社会公建项目在调查分析时可根据物业服务项目功能、定位，该类型公建服务项目状况、特殊管理需求等开展。

2. 竞争对手分析

对于竞争对手，主要从在管规模、在管物业服务项目类型、在管物业服务项目分布、特色管理模式等方面开展调研。通过对竞争对手的势态分析，可以了解竞争对手的优势和劣势，并给予物业服务方案制定者以参照物进行调查，根据物业服务企业现有状况或与其目标比较，多方面尽可能掌握项目信息，为投标方案构思打下基础。

3. 资源分析

资源分析主要从社会资源、政府资源、客户资源来进行分析。

社会资源是为了应对需要，满足要求，所有能提供而足以转化为具体服务内涵的客体。社会资源就像一张人际关系的网络图，它会给物业服务企业带来别样的收获。

政府资源就是通过国家的行政权力部门有效地利用对行业企业的利好开展工作。

在激烈的市场竞争中取得优势不再单单是硬件条件的支撑，客户是企业重要的资源，它具有很大的价值。可以通过对客户的收入水平、文化水准、安全需求、环境需求、服务需求、精神需求、物业保值要求等的把握来确定服务水平和标准。客户一般都有很强的从众心理，客户的信息对企业具有十分重要的价值。

思考与练习

1. 简要说明物业服务方案的概念。
2. 物业服务方案的种类有哪些?
3. 物业服务方案主要包括哪些内容?
4. 简述物业服务方案的编制要求。

第一章 物业服务整体设想

学习目标

了解物业投标项目整体设想的框架，具有进行拟管项目、使用人物业服务与服务需求、竞争企业等调查的能力；能通过对物业服务项目开展可行性研究和需求分析，确定服务方案的服务目标、服务重点和难点以及服务模式。

对投标物业服务项目的整体设想应在对物业服务项目进行分析研究的基础上实施，充分体现物业服务企业的管理理念，通过对物业服务项目的总体设计，确定物业服务项目的总体服务模式、物业服务项目的重点和难点。只有对招标物业服务项目的基本情况和业主的需要进行详尽深入的调查、分析，认真研究招标文件，才能制定出科学、合理、可行的物业服务方案。

第1节 物业服务项目概况及分析

一、物业服务企业介绍

在编写物业服务方案的最初，都要先对物业服务企业进行相应的介绍。物业服务企业介绍企业自身情况，目的是让招标人认识投标人，并依此评价该物业服务企业及其管理服务是否适合并优质。物业服务企业介绍主要内容包括投标企业的基本情况、资质条件、企业文化、管理理念、以往业绩、接管优势等情况，要让相关人员了解企业的发展历程。典型的物业服务企业介绍参见案例1—1。

案例1—1

立恒物业服务有限公司成立于1995年12月，具有国家物业管理一级企业资质。目前服务于大义城、立信城市花园、永明蓝湾等共计22个园区，在管项目总建筑面积400余万米^2，为30 000名余户业主提供服务。公司现拥有各类服务人员1 000余名，是本地最具规模和最负盛誉的物业服务企业之一。

公司始终秉承“服务至诚，精益求精，管理规范，进取创新”的16字质量方针，通过创新服务体系，实现了一个最大化地创造客户价值的过程，从发掘客户需求入手，把握服务关键点，在与客户直接接触的各个业务环节中，用至诚之心为客户提供更加主动、贴切、用心、细致的服务。公司多年来在设备维护、安全管理、环境绿化、供方服务、社区活动等多个维度不断提高基础业务品质，通过精益求精的品质管理达到客户满意。公司引入ISO 9001质量管理体系，始终坚持着科学、规范、高效的管理体系，通过精细化的流程控制与标准化的过程管理，保障公司在高速发展的同时，严守规范，赢得了业界的一致好评。同时，公司不断挖潜增效、进取创新，积极钻研新技术、应用新方法，努力探索新的物业服务模式和物业服务企业的可持续发展道路。创新是公司的核心竞争力之一。

公司成立至今，所服务的各物业小区相继荣获了诸多荣誉称号，公司连续多年获评区级经济发展突出贡献单位、市地方税务局的纳税信誉A级单位。

二、物业服务项目概况

物业服务项目概况是指运用简明扼要的语言介绍招标物业服务项目的基本情况，篇幅不宜过长。物业服务企业通过调研整理相关资料获取相关信息，除了可以通过现场踏勘、招标方提供的资料等渠道获取信息外，主要是要对物业服务项目所在区域进行详细、深入的市场调查，并借助公共媒介、网络等手段获取相关信息。

通过对拟管项目全面情况的调查，为拟订物业服务方案做信息准备。

1. 调查内容

调查内容包括物业服务项目位置（具体位置及其各方位毗邻）、物业服务项目户型指标（规划总占地面积、居住区总占地面积、容积率、总户数等）、物业服务项目建筑情况（建筑结构、质量、技术、标准、管线布置等）、配套及附近交通状况（地铁、公交车次、小区班车等）、消防、安全防范、环境卫生管理等设施状况、物业服务项目性质特色、政府的支持与介入程度、开发商的背景（规模、技术、资金、信誉、社会影响、负责人情况等）和周边环境状况、楼盘卖点。

2. 调查方法

调查方法包括实地考察、公开信息收集、座谈以及其他可行方式。

三、客户服务需求分析

客户服务需求分析是指介绍包括客户群体的定位及服务需求特征等内容。通过对物业使用人关于服务需求的分析确定服务内容和服务标准。

1. 调查内容

（1）物业使用人群自然状况分析

物业使用人群自然状况分析包括总人口、性别、年龄、受教育程度、职业、民族和经济收入等。

（2）物业使用人群需求分析

1）按需求对象分为物资需求和精神需求。针对不同的需求配备相应的公共设施。

2）按需求弹性分为小弹性需求和大弹性需求。物业服务区域内对于满足需求弹性小的公共设施必须具备；对于满足需求弹性大的公共设施，应从物业服务区域实际出发进行建设，并更多注意面向社会服务与经营，以提高其开发利用的效益。

3）按需求条件分为现实需求和潜在需求。

4）按马斯洛需求层次理论分为五个层次。从住区人员实际生活水平出发，定量与定性结合，协助制定有针对性的方案。

2. 调查方法

调查方法可采用询问法、观察法、实验法和抽样调查法等。

四、物业服务项目定位

用简练的语言概括招标物业服务项目的市场定位和投标企业承担该物业服务项目的管理优势。

由于物业所有人和使用人的情况各不相同，尤其对于住宅小区的物业服务来说，住户的经济收入水平、文化教育水平以及对物业服务的特定要求之间有着很大的差异，要求物业服务企业能够根据不同情况住户的需求，提供不同层次的服务，从而一方面最大限度地满足住户要求，使他们感到满意；另一方面增强服务的针对性，提高物业服务企业的收益水平。因此，物业企业的服务层次如何定位是个很重要的问题。比如，位于沈阳市棋盘山风景区的万科惠斯勒小镇的定位，就是处于事业上升期，通过自身努力不断改善生活状态，需要从居住型态、社交身份标签、生活便捷度等方面追求全方位改善，但面对奢华型城市别墅而难以企及的自身事业升级与家庭身份标签升级的管理层精英。

物业服务企业的管理优势可通过品牌效应、资质等级、管理同类项目的经验、贴近项目需求的服务理念等展开说明。

五、物业服务重点与难点

投标物业服务项目的重点与难点，是物业使用人最关心的焦点问题。如果分析准确，对策得当，就能成为彰显投标人能力与水平的投标方案。投标人要根据物业服务项目性质、类型以及业主的构成、服务需求确定物业服务的重点与难点，其目的是有针对性地提出相应的措施。

在物业投标过程中，应分别针对不同性质的物业服务中的重点、难点做出分析。

1. 住宅类物业

主要以多层住宅和高层住宅为例说明。

（1）多层住宅

多层住宅的物业服务应当突出的有以下几点。

1）物业公共部位维护与管理。要求物业服务维护规划建设的严肃性，定期进行检查维护，禁止个别业主随意改动房屋结构或出现违建行为，保证业主的居住安全。

2）清洁绿化管理。定时对公共场所进行清洁，及时清运垃圾，并经常进行查杀消毒，加强小区绿化，养护管理好树木花草。

3）公共秩序维护。负责小区的治安巡逻与安全防范，做好应急预案，确保业主人身和财产安全。

4）共用设施设备维护与管理。保证市政道路、上下水管道、消防监控设施等的管理、维护和保养。

5）便民服务。为物业使用人提供有偿和特需服务。

（2）高层住宅

高层住宅的特点是规模大、机电设备多、住户集中。该类服务的重点和难点应放在以下几点。

1）机电设备管理。机电设备是高层住宅的核心部分，如发电机、电梯、中央空调、供水、消防、通信系统等，这些机电设备如果出现问题，势必影响业主的生活和工作。因此，物业服务部门必须具备一支有着良好专业技术的队伍，做好前期和在岗培训，健全各项规章制度，并保证严格执行。

2）安全防范管理。必须设24小时值班守卫，建立来访人员登记制度，公共场所安装闭路电视监控，保证每个角落处在秩序维护人员的控制当中。

3）清洁管理。为保证楼内清洁卫生，定时清扫楼梯、通道、电梯间等。

4）保养维护。对公用设施和公共场所进行定期检查、维护。

2. 商用物业

商用类型的写字楼物业、综合性商业物业的物业服务重点与难点主要体现在经营和设施设备管理等方面。

（1）安全防范工作

保证防盗及安全设施运作良好，坚持出入登记制度，24小时值守，秩序维护人员场内巡视。

（2）消防工作

做好消防设施的维护保养，制定严格的消防制度。

（3）电梯、中央空调、供热、水电设备的维护

保证设备正常运转，及时消除安全隐患，配备专职操作和维护人员，杜绝事故的发生。

第一章

(4) 清洁卫生工作

设专职人员巡回清扫，保证楼内环境卫生。

第 2 节 物业服务目标及模式

物业服务企业应通过了解招标物业服务项目的基本概况，分析投标物业服务项目服务的重点和难点，根据物业服务项目的实际情况确定服务目标，以服务理念为指导，制定切实可行的物业服务模式。

一、物业服务目标的确定

物业服务项目的管理目标是物业服务各项工作的指导思想，制定是否恰当会直接影响到物业服务质量的好坏，因此其制定的内容必须是切实可行的，才有利于各项工作的开展，同时在服务方案编写时应根据项目的实际情况来制定。

物业服务目标的主要内容包括物业服务项目的管理内容，一般都在物业服务合同中有相关规定，明确该物业服务项目的服务在某一规定时间内应达到的管理水平，例如业主满意度达到 95%以上、几年内达到省优或国优的物业管理大厦或小区，几年内通过 ISO 9001 质量体系认证审核等内容，参见案例 1—2。

案例 1—2

某小区物业服务内容及标准（节选）

一、物业服务内容

1. 物业服务区域内物业共用部位、共用设施设备及场所的使用管理及维修养护。

2. 电梯、水泵等房屋设备的运行服务。

3. 每天 24 小时受理住户房屋、设备、设施的报修（包括区域内公共、共用范围、住户自用范围及开发商保修范围）。

4. 供水、供电、供气、电信等专业单位在物业服务区域内对相关管线、设施维修养护时，进行必要的协调和管理。

5. 物业服务区域内物业共用部位、共用设施设备和相关场地的保洁服务、虫害灭杀、生活垃圾收集清运等环境卫生维护工作。

6. 物业服务区域内的绿化、水域、景观的养护、运行及管理。

7. 物业服务区域内每天 24 小时门岗、监控中心值勤、公共区域安全巡视和公共秩序维护。

8. 物业服务区域内车辆（机动车和非机动车）行驶、停放及经营管理。

9. 物业服务区域内的消防安全宣传和防范。

10. 物业服务区域内突发事件的处置。

11. 每天住户服务需求及投诉受理。

12. 物业服务区域内的巡视、检查，物业维修、更新费用、综合管理费收入、房屋设备运行费及物业经营收入等的账务管理。

13. 物业档案资料、住户档案资料的收集、管理。

14. 物业服务区域内业主、使用人装饰、装修物业的行为管理（包括建筑垃圾的管理）。

15. 向住户宣传物业管理法律法规及常识。

16. 社区文化的组织和开展。

17. 业主入住时的交房、验房及相关书面告知和签字手续的准备和办理。

18. 项目物业服务的早期介入。

19. 招标人与中标人在物业服务委托合同中约定的其他事项。

二、公共区域清洁卫生服务标准

1. 楼内地面和墙面：地面每日循环清扫、拖洗保洁；墙面保持无灰尘、无污渍；大堂、门厅大理石、花岗石地面每月保养一次，保持材质原貌，干净、有光泽。

2. 楼梯扶手、栏杆、窗台：每日擦抹一次，保持干净、无灰尘。

3. 楼内消防栓、指示牌等公共设施：隔日擦抹一次，表面干净、无灰尘、无污渍。

4. 天花板、公共灯具：每半月除尘一次，目视无灰尘、无污迹、无蜘蛛网。

5. 楼内门、窗等玻璃：保持洁净、光亮、无灰尘、无污迹。

6. 天台、屋顶：保持清洁、无垃圾。

7. 楼内垃圾收集：按楼层设置垃圾收集点，每日早晚定时清理两次；垃圾收集点周围地面无散落垃圾、无污迹、无异味。

8. 电梯轿厢：每日循环保洁（如有地毯每日换洗一次）；操作板每日消毒一次；每半月对电梯门壁打蜡上光一次，做到表面光亮、无污迹；轿厢壁无浮尘，不锈钢表面光亮、无污迹。

9. 道路地面、绿地、明沟：道路、地面、绿地每日循环清扫保洁，广场砖地面每周冲洗一次；目视地面干净，地面垃圾滞留时间不超过一小时；明沟每日清扫一次，无杂物，无积水。

10. 公共灯具、宣传栏等：每日擦抹一次，目视无灰尘、明亮清洁（2 米以上部分每半月擦抹、除尘一次）。

11. 水景：打捞漂浮杂物，保持水体清洁，水面无漂浮物；定期对水体投放药剂或进行其他处理，保持水体无异味。

第一章

12. 垃圾桶（房）：有先进的垃圾处理方式（如分类收集垃圾、压缩垃圾、生物分解有机垃圾等），对垃圾桶（房）循环保洁，垃圾桶（房）整洁、干净、无异味，灭害措施完善。

13. 果皮箱、垃圾桶：合理设置，随时清理擦拭，箱（桶）无异味、无污迹。

14. 消毒灭害：每月对窨井、明沟、垃圾房喷洒药水一次，每半年灭鼠一次。

确定物业服务目标后，物业服务企业应制定并明确物业服务指标。物业服务指标是对业主的承诺，某物业服务项目的管理服务指标见表1—1。

表1—1　某项目物业服务指标

序号	指标名称	国家标准	管理指标	指标计算依据	管理标准及采取措施
1	房屋及配套设施完好率	98%	99%	（完好房屋建筑面积＋基本完好房屋建筑面积）/总的房屋建筑面积×100%	（1）房屋外观无损坏，无面层脱落，立面整洁无污迹，无私搭乱建现象，公用设施及通道无随意占用 （2）领导负责制，责任到人。建立完善的巡查制度，严格审批装修管理，健全档案记录
2	房屋零修、急修及时率	98%	99%	（Σ及时完成零修、急修的次数/Σ报修的零修、急修次数）×100%	建立严格的修缮制度，要求维修人员接到急修请求后携带工具15分钟之内赶到现场。零修工程及时完成，急修工程不过夜。建立回访制度和回访记录
3	维修工程质量合格率	100%	100%	Σ（报告期评定的单位工程建筑面积）/Σ（报告期验收鉴定的单位工程建筑面积）×100%	分项监督，工程维护部门严格把关，按照工序一步到位，杜绝返工，并及时回访，确保功效
4	维修工程质量回访率		100%	（Σ维修住户满意人数/Σ维修住户人数）×100%	建立维修回访制度，及时征求住户意见，保证反馈渠道畅通，以确保维修服务质量
5	清洁保洁率	99%	99%	（Σ已保洁的面积/Σ区内保洁总面积）×100%	保洁落实到人，每天进行16小时保洁工作，巡查记录完善，监督检查得力，严格考核制度，确保垃圾日产日清，设施完好，无环境污染现象

第一章

续表

序号	指标名称	国家标准	管理指标	指标计算依据	管理标准及采取措施
6	道路完好率	95%	96%	（∑完好道路面积/∑区内道路总面积）×100%	（1）道路畅通，无损坏，无障碍，路面平坦整洁，排水通畅，交通设备完备，交通标志线明显，无随意占道 （2）车位布局合理，标志线清晰，车辆摆放方便 （3）秩序维护员24小时值班巡查，停车场内卫生清洁，消防、排烟系统工作正常 （4）路灯完好无损，无倾斜，照明合理，造型美观，夜间使用正常，定期维护、检修、保养 （5）落实责任到人，坚持对道路、路灯及停车场等公共设施进行日常巡视、检修和定期维护保养，由工程维护处监督执行，各物业主管配合检查落实，并建立健全档案记录，确保公共设施完好并正常使用
7	停车场单车棚完好率	95%	96%		
8	路灯完好率	95%	96%	（∑完好路灯盏数/∑区路灯总盏数）×100%	
9	治安案件发生率	1‰	1‰	（∑治安（刑事）案件发生次数/∑区内住户总人数）×1 000‰	实行24小时秩序维护员巡查，分快速、中速、慢速巡查，有中控调度中心24小时值班，接受报警及实施调度，根据实际情况，确立“人防为主、技防为辅、全面防范”的治安防范工作思路。明确秩序维护员职责，层层防卫，以确保住户人身财产安全
10	火灾发生率	1‰	0	（∑火灾受灾人数/∑区内住户总人数）×1 000‰	消防设备完好无损，反应灵敏，消防控制中心24小时设专人值守，定期对消防供水系统检修试压。全员义务消防员制，定期培训和演练，加大宣传和检查力度，由秩序维护员进行日常巡视，发现隐患及时处理，确保园区安全
11	违章发生率	1%	0.5%	（∑违章发生次数/∑区内住户总人数）×100%	建立交叉巡视制度，跟踪管理，及时发现及时处理，加强宣传工作，杜绝违章并建立相应的回访记录
12	业主有效投诉率	2%	2%	（∑有效投诉次数/∑区内住户总人数）×100%	按照政策规定做好做细各项工作，采取措施，加强与业主的沟通，定期走访业主，征求意见，强化服务意识，提高员工素质，及时为业主排忧解难。投诉处理有结果、有记录和回访
	投诉回访率	95%	100%	（∑已回访投诉住户数/∑投诉住户总数）×100%	
	业主投诉处理率	95%	100%	（∑完成处理投诉次数/∑区内有效投诉次数）×100%	

续表

序号	指标名称	国家标准	管理指标	指标计算依据	管理标准及采取措施
13	绿化完好率	95%	99%	（∑完好绿化覆盖面积/∑区内绿化总面积）×100%	建立专业绿化养护队伍，责任到人，片区负责与巡视制度相结合，发现问题及时补修，确保园区公共绿化无破坏、无践踏、无黄土裸露
14	机电设备完好率	95%	100%	（∑运行完好台日数/∑计划运行台日数）×100%	完善机电设备的运作制度和维护保养制度，配备专业工程技术人员，所有维修人员全部持证上岗，实行24小时专人值班，出现故障及时排除
15	应急反应速度		接到信息后9秒		应急反应分队由巡逻人员组成，受中控调度中心统一调度，在接到信息后，由最临近事件发生位置的岗位人员分队及时到达现场处理

二、物业服务模式的确定

确定招标物业服务项目的管理服务模式，是在对物业服务项目基本情况进行深入调查分析的前提下，结合招标文件的具体要求，确定最符合物业服务项目实际情况和业主需求的管理服务重点和主要措施，包括物业服务项目的功能定位、客户定位和服务需求定位三方面的内容。这里指的主要是委托服务模式，业主自治服务模式和三位一体物业服务模式等不是本书研究的主要内容，故不赘述。

现今物业服务模式主要有管家式、酒店式、英式、城市综合体式、定制式等。很多物业服务企业在制定物业服务方案时不是单单提出一种理念，而是结合物业服务项目自身的特点与企业优势，创造自己独特的服务模式。案例1—3介绍的是某物业服务企业的服务模式。

案例1—3

某物业企业服务模式

通过“客户服务中心”平台，实现“专业化的管理，亲情化的服务”。由此延伸的物业服务亮点包括“客户服务中心”专业服务平台、细节管理和个性化服务，以及网络平台快捷物业服务，如图1—1、图1—2和图1—3所示。

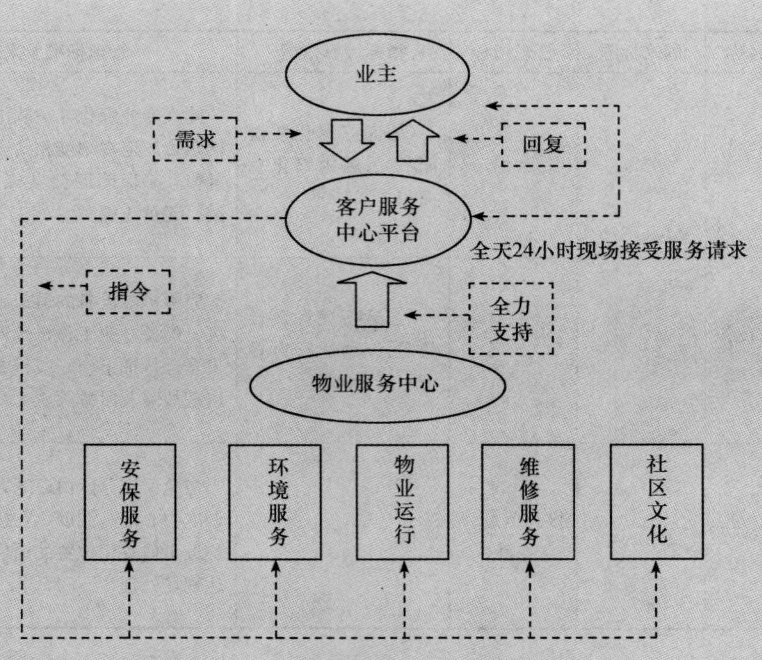

图 1—1 “客户服务中心”专业服务平台

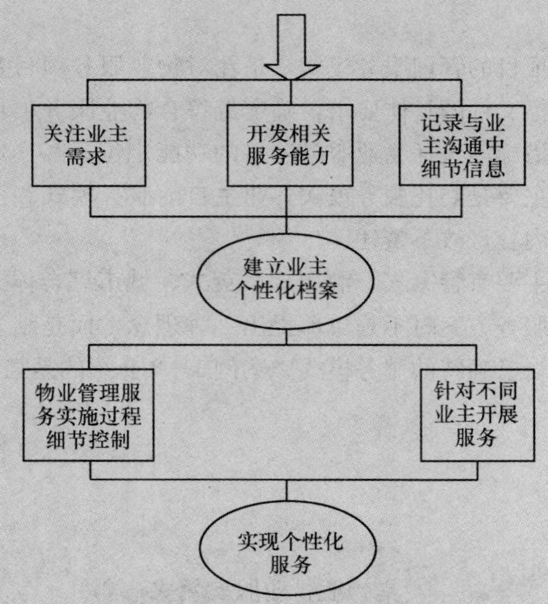

图 1—2 细节管理实现个性化服务

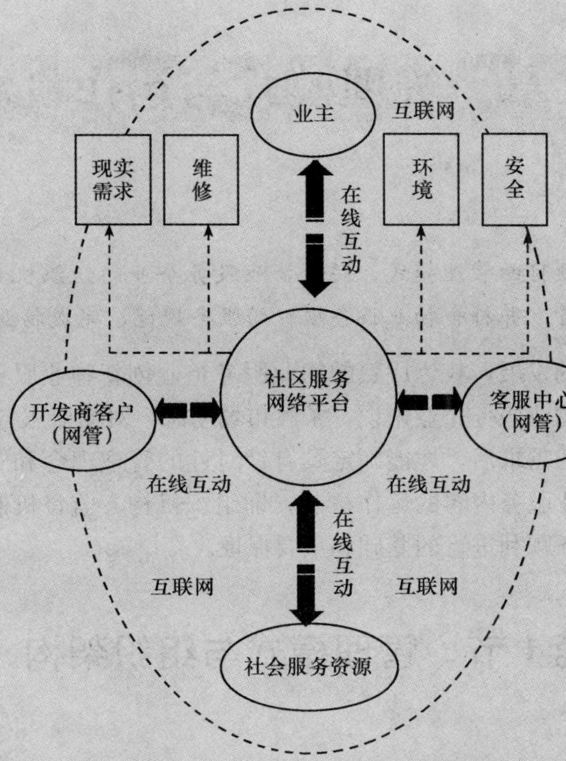

业主
互联网
现实需求
维修
在线互动
环境
安全
开发商客户（网管）
社区服务网络平台
客服中心（网管）
在线互动
在线互动
在线互动
互联网
互联网
社会服务资源

图 1—3　网络平台快捷物业服务

思考与练习

1. 物业服务项目调查的内容有哪些？
2. 多层住宅、高层住宅、商用物业等物业项目的服务重点和难点分别是什么？
3. 简要说明物业服务的模式。

第二章 管理模式与运作机制

学习目标

通过制定物业服务项目的管理模式，架设物业服务企业的组织机构，制定切实有效的各部门职能和各岗位职责，并符合物业服务项目的服务规范，完成物业企业服务基本理念。

随着物业服务市场的发展，较为成熟的物业服务企业创新物业服务理念，促进了物业管理行业的发展。对于物业服务企业来说，了解市场动态，对物业服务项目进行调研分析，了解业主的现有和潜在的需求后，才能确定具有针对性的管理理念和管理模式。管理模式是狭义的概念，仅指物业服务内容的运作机制，即组织机构、监督机制、激励机制等，良好的管理模式是物业服务顺利进行的基础和重要保证。

第1节 管理模式与组织架构

一、管理模式

管理模式是物业服务运行机制的核心，如何实行管理、怎么管都应当围绕管理理念进行。制定行之有效的物业服务运作方式是物业服务的关键。

1. 目标责任管理体系

物业服务企业制定各项管理指标和创优方案，明确责任，授予权力，在实际工作中控制和检查保证目标的实施，同时通过目标动态控制，进行成果评价，确定目标的实施成效。目标考核流程如图 2—1 所示。

目标责任管理体系的具体操作步骤如下。

（1）由物业服务企业总经理与各部门签订目标责任书。

（2）目标体系包括安全目标、管理目标、服务目标、经营目标。

（3）目标责任书明确企业与部门双方的责、权、利关系；由物业服务企业制定完成目标的具体实施措施，分解目标到各部门、各工作岗位。

（4）企业各部门进行月度质量考核、半年度、年度综合考核。

（5）依据考核结果，兑现奖罚规定。

2. ISO 9001 质量管理体系

通过 ISO 9001 质量管理体系国际认证全面推行质量管理，把目标落实到部门具体人，

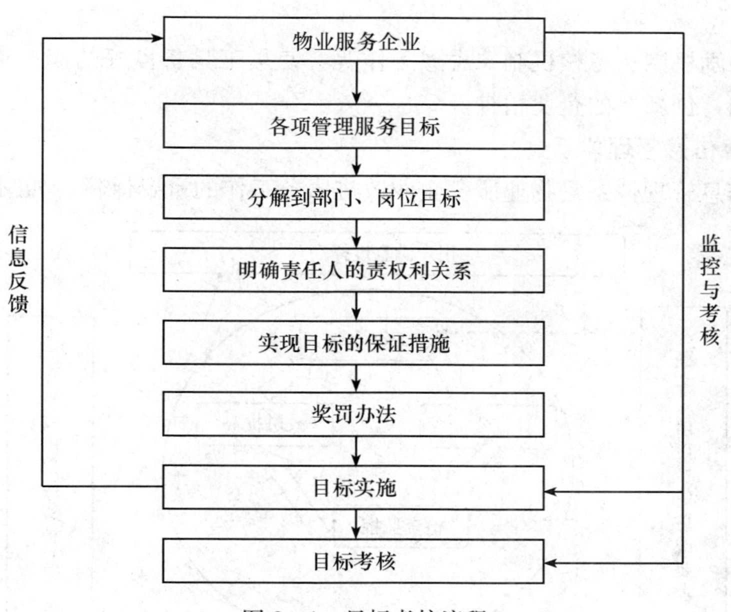

图 2—1　目标考核流程

并通过监督检查，使工作服务质量全面提升，达到业主满意的效果。ISO 9001 质量管理体系如图 2—2 所示。

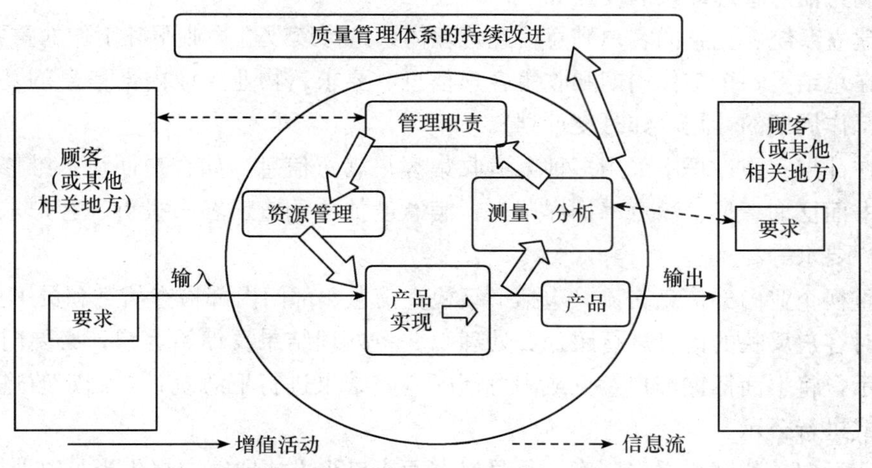

图 2—2　ISO 9001 质量管理体系

ISO 9001 质量管理体系的要点如下。

（1）质量管理体系的设计依据是 ISO 9001：2008 标准，其原理是对管理职责、资源管理、产品实现、测量分析与改进四大质量控制部分实现闭合式运作、滚动式提高。

（2）质量系统的设计以客户的需求为关注焦点。

（3）坚持质量管理体系持续改进，使物业服务工作质量持续得到改善。

（4）落实岗位责任制、目标责任制及各项规章制度，使物业服务工作规范化、制度化、科学化。

(5) 运用激励机制、考核机制、思想工作等，使员工具备良好的职业道德，发扬“敬业、奉献、求精、创新”的企业精神。

3. 客户满意信息管理体系

客户满意信息管理体系是物业服务企业改进服务工作的重要保障，如图2—3所示。

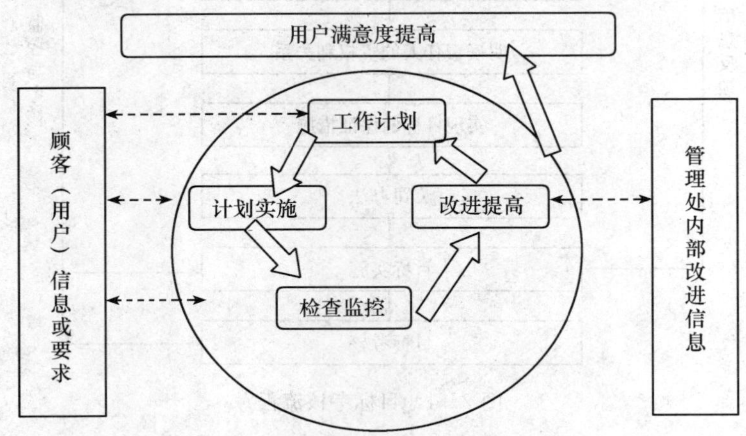

图2—3 客户满意信息管理体系

客户满意信息管理体系的要点如下。

(1) 建立系统、完善的客户满意信息管理体系是持续改进物业服务工作的重要保证。

(2) 在总结上一个工作周期和收集客户信息、要求、物业企业内部信息的基础上，编制下一个工作周期的计划（如月度计划）。

(3) 在计划实施过程中采用多种渠道收集客户满意信息，如客户回访、维修回访、电话访问、书面征询意见、满意率抽样调查、满意度抽样调查、客户投诉、客户求助、客户建议和客户要求等。

(4) 重视企业内部信息交流，包括上级检查信息、部门内部检查信息和员工报告信息。

(5) 对客户反映的信息进行跟踪、处理，并将处理结果反馈给客户，必要时进行书面回复或公示，将书面征询客户意见或满意情况调查结果进行汇总统计，制定改进措施并向客户反馈或进行公示。

(6) 实行向单位客户报告制度，每月以书面或口头方式向客户报告当月物业服务情况，进行信息沟通、协调工作，取得单位客户的宝贵意见和工作支持。

二、组织架构

物业服务企业的组织架构是表现在所管项目各部分的排列顺序、空间位置、联系方式以及各生产管理运作要素之间相互关系的一种模式，它是实现物业服务中管理与经营的一种形态。组织架构在整个物业服务中居主导支撑地位，保证人流、物流、信息流的正常流通，使物业服务目标的顺利实现成为可能。

1. 物业服务机构设置的影响因素

（1）企业战略因素

战略是为实现组织目标而制定的产业定位和发展方向。组织机构与组织战略密切相关：一方面，组织战略要受到现实组织机构的影响；另一方面，当组织战略发生重大变化时，组织机构应做相应的调整，以支持组织战略的变化。

（2）外部环境因素

外部环境主要包括物业服务的行业特点、人力资源条件、产品特点、客户、市场特点、物业服务的政策法规和宏观经济形势等因素。在设计组织机构时要考虑外部环境及其稳定性。外部环境越复杂、多变，组织机构就越应该强调其适应性，以便采取多种对策来消除外部环境对企业的不利影响。

（3）技术因素

技术因素是包括设备、技术、管理知识在内的广义技术概念。一方面，组织活动需要利用技术来进行；另一方面，技术及设备水平影响组织活动，也影响职责划分、岗位设置及素质要求。

（4）组织规模及所处阶段

组织规模直接影响到组织机构的管理层次、集权程度、规范化及制度化；组织规模比较大的企业，工作专门化、部门化的程度较高。企业所处的发展阶段不同，面临的主要任务和目标也有所不同，组织机构也应有所差异。

2. 物业服务机构设置的要求

（1）按照规模和任务设置

物业服务企业在设置组织机构时，一方面，应考虑服务的规模。一般而言，管理面积越大，员工越多，划分的管理层次就越多，部门和职能设置就越全面，分工越精细。另一方面，在保证关键职能的基础上，又应适当减少部门划分，或者将几个相关的部门合并成一个综合部门，采用一专多能、一职多责的组织机构设置方式。物业服务企业的组织机构设置要服从企业的任务和目标，根据物业服务模式的任务和目标的不同，组织机构设置的重点也应该有所区别。

（2）统一领导、分层管理

物业服务企业各部门和项目应有明确的分工，把企业的任务和目标进行层层分解，落实到每个职能部门和项目，有效控制管理行为，实现集权与分权相结合。物业服务企业无论进行怎样的组织机构设置，都要服从统一指挥的原则，即企业的各个机构在企业的总体发展战略和方针的指导下，服从上级的命令和指挥。这样才能避免多头领导和多头指挥，保证政令畅通，提高管理工作的效率和效果。

（3）分工协作

在物业服务企业中，应加强上下级之间的纵向协作，改善各职能部门、各项目、各岗位之间的横向协作关系。物业服务企业组织结构的划分包括管理层次的划分、部门的划分和职权的划分。各层级、部门和职位之间要有专业的部门或人员来管理和负责，各部门和人员之间又应该保持相互协作关系。

（4）精干、高效、灵活

物业服务企业组织机构在精简、精干、高效的同时，还应根据企业外部环境的变化和企业内部业务发展的需要，及时做出必要的调整。

3. 组织架构的类型

组织架构一般分为直线型和矩阵型。

（1）直线型组织架构

直线型组织架构是最早也是最简单的一种组织形式，组织中只有一套纵向的行政指挥系统。其优点是：结构简单，权责明确，领导从属关系简单，命令与指挥统一，上呈下达准确，解决问题迅速，业务人员比重大、管理成本低。缺点是：没有专业管理分工，对领导的技能要求高，领导容易陷入实务主义，不能集中精力解决企业的重大问题。适应对象主要是小型企业、个体工商户。直线型组织架构图如图 2—4 所示。

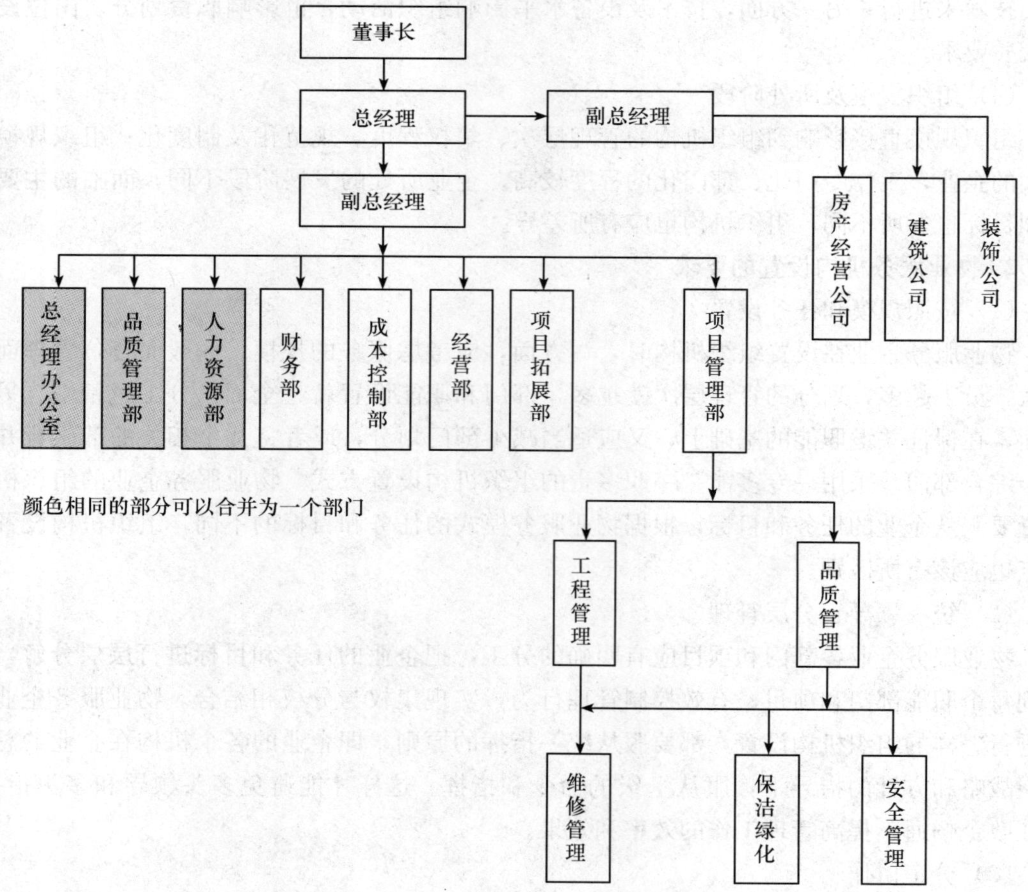

图 2—4　直线型组织架构图

第二章

（2）矩阵型组织架构

矩阵型组织架构最初形成于20世纪50年代，它是在原有的按直线指挥系统为职能部门组成纵向的垂直领导系统的基础上，建立一种横向的领导系统，各成员既同原职能部门保持组织与业务上的联系，又参加项目工作。其优点有：集中优势解决问题；资源共享，交流畅通。缺点是：组织复杂，双向领导。适应对象主要是重大工程与项目、单项重大事务的临时性组织。矩阵型组织架构图如图2—5所示。

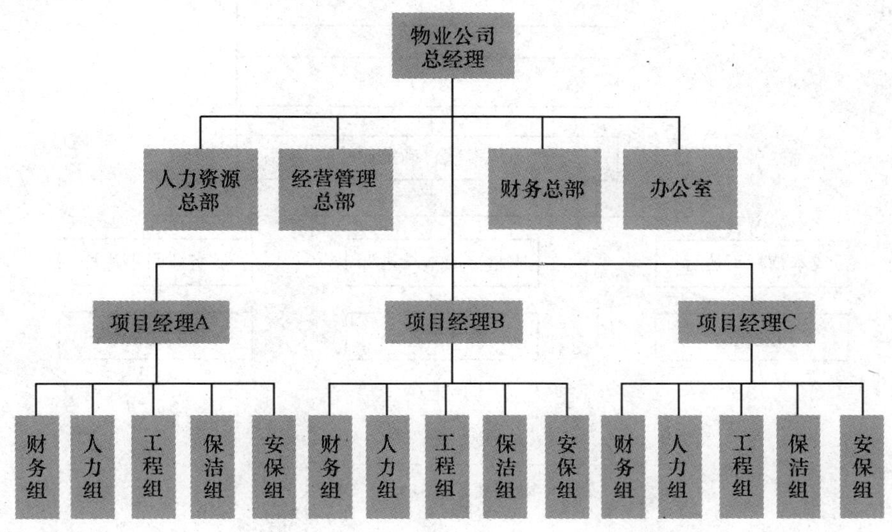

图2—5　矩阵型组织架构图

案例2—1

某物业服务项目管理模式和组织架构

结合金华园区的管理要求，为实现“为业主节约每一分，让业主满意多一分”的管理理念，依托物业成功的连锁经营模式和经验、完善的ISO 9001品质管理体系，根据顾客的定位、楼宇设施设备的自动化程度以及所处的地理环境，我们拟采用“以客户为中心，以服务品质为导向”的经营管理模式。

一、管理模式

该物业服务项目的基本管理模式如图2—6所示。

二、组织架构

该物业管理处的组织架构如图2—7所示。

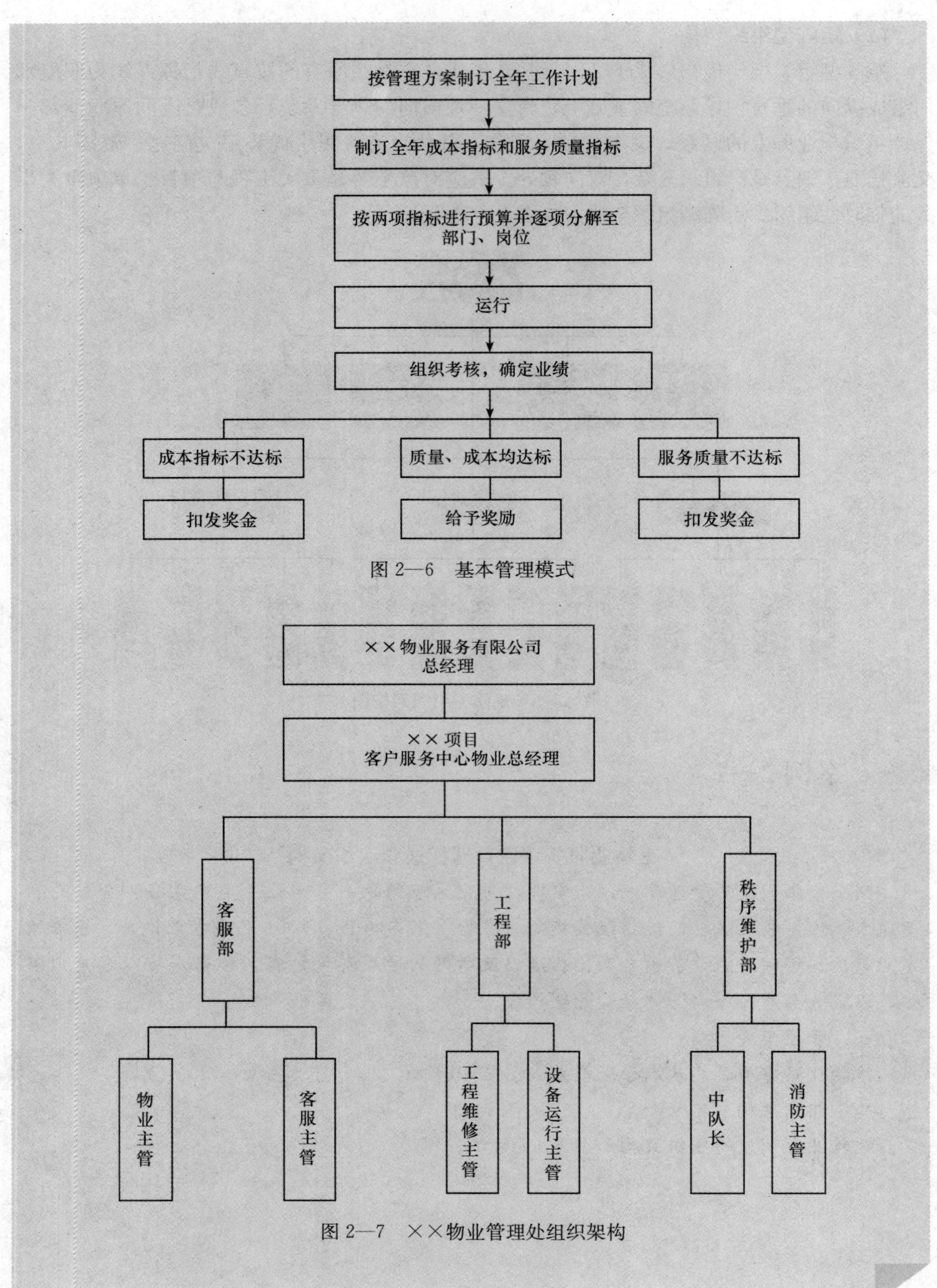

图 2—6 基本管理模式

图 2—7 ××物业管理处组织架构

第2节　管理制度与岗位职责

在对物业服务企业组织架构进行设置后，接下来需要明确物业服务项目管理处各部门的职能，使各部门分工明确、相互协作，从而使物业服务有效运作。接管物业服务项目后，要严格按照ISO 9001质量管理标准模式，实行专业化、规范化管理，制定规章制度和相关部门的岗位职责。

一、管理制度

管理制度主要包括公共制度、运作管理制度和员工考核制度等。

1. 公共制度

公共制度主要包括业主手册、临时管理规约、二次装修管理规定、安全管理规定、园林绿化管理规定、清洁卫生管理规定、停车场管理规定、商铺管理规定、煤气水电管理规定、出租房屋管理规定、电梯使用规定、出入物品管理规定等。

2. 运作管理制度

运作管理制度主要包括员工手册、值班管理制度、治安管理制度、公用设施改造及维护工作制度、社区文化管理制度、访问客户工作制度、员工培训制度等。

3. 员工考核制度

员工考核制度主要包括新员工入职培训制度、员工工资管理程序、员工工作考核与奖惩制度、员工月度考核管理程序、员工年终考核程序等。

二、岗位职责

岗位职责主要包括项目经理、各部门主管以及各部门管理人员的岗位职责。

1. 项目经理岗位职责

项目经理岗位职责主要是由物业总经理授权负责项目管理处的整体工作，并对项目管理处的下属部门指导、监督、检查具体工作。项目经理的具体岗位职责包括：制订项目管理处的工作计划，建立健全项目管理处的规章制度，对项目管理处各岗位人员的培训、考核工作，业主满意度调查工作，督促物业管理费用的收缴率，处理项目管理处的各类突发事件等。

2. 各部门主管岗位职责

各部门主管岗位职责主要是就工作内容的安排及实施的情况与下级沟通，听取下级对完善管理制度、改进工作流程的建议，并对下级工作给予合理的评价及激励，及时解决下属工作中存在的问题。

3. 各部门管理人员岗位职责

各部门管理人员岗位职责主要是按照项目经理和各部门主管的工作安排及要求开展各部门各岗位的具体工作。

三、编制规章制度规范

1. 目的（必备要素）

主要描述编写文件的目的或意图。它应置于每项管理制度第一章总则的第一条，应使用“为了……，特制定本制度（或本办法、本规定等）”。

2. 定义（可选要素）

定义应置于每项管理制度第一章总则的第二条，主要是对关键词语进行解释，主要说明不常用或在文件中有特别意义的用语。当管理制度中某些关键词语尚未普遍使用或有可能影响对管理制度的理解时，应对这些词语加以解释说明。

3. 适用范围（必备要素）

适用范围主要描述制度适用的区域、部门、组织、人员等。

4. 职责（必备要素）

主要描述执行制度的职责和权限分工，说明需要哪些部门参与完成，具体负责管理制度中的哪些事项。

5. 内容主体（必备要素）

主要描述相关人员所进行的工作，描述内容包括执行工作的时间、由谁于何时何地以何种方式做什么工作。管理内容和方式是管理制度的主体内容，可用一章或若干章予以表述。

6. 附则（必备要素）

附则应作为每项管理制度正文的最后一章。在这一章中应明确表明该管理制度的解释部门和实施日期；当与现行管理制度相冲突时，应表明处理原则。

7. 附件（可选要素）

附件即为制度内容中所包含的记录、表格。制度内容中首次出现第一个附件（或附表）时，需要在该附件名称后做“见附件 1”或“见附表 1”标注，然后以此类推。如果附件（或附表）下还有附件（或附表），则标名为“附件 1—1”，再以此类推。

8. 结尾

结尾注明本制度由哪个部门负责制定、解释、修改和执行，并注明本制度自何日起实施。

9. 注意事项

（1）制度之间不能相互冲突，否则冲突的规章制度或者冲突的条款无效。

（2）奖惩条款描述必须清晰、准确，以便于考核和操作。

（3）“试行”“暂行”一类的办法时限不超过一年。

案例 2—2

走（回）访制度

为加强物业管理处与广大业主（住户）的联系，使管理处各项工作置身于业主（住户）监督之中，从而集思广益，及时总结经验、教训，不断改进管理工作，提高服务质量，特制定对住户走（回）访制度。

1. 走（回）访要求

(1) 物业管理处正、副主任把对业主（住户）的走（回）访列入职责范围，并落实到每年的工作计划和总结评比中。

(2) 走（回）访时，虚心听取意见，诚恳接受批评，采纳合理化建议，做好走（回）访记录。

(3) 走（回）访中，对业主（住户）的询问、意见，如果不能当即答复，应告知预约时间回复。

(4) 走（回）访后反馈的意见、要求、建议、投诉，及时逐条整理综合、研究、妥善解决，重大问题向上级领导请示解决。业主（住户）反映的问题，做到件件有着落、事事有回音。走（回）访处理率达 100%，投诉率力争控制在 1%以下。

2. 走（回）访时间及形式

(1) 管理处主任、管理员每月登门走（回）访 4 次。

(2) 每季度参加一次居委会召开的墙门组长会议，广泛征求意见。

(3) 有针对性地对业主（住户）做专题调查，听取意见。

(4) 物业管理处设立投诉信箱、投诉电话。

(5) 随时热情接待来访者，做好登记。

案例 2—3

某物业服务企业组织架构与各岗位职责（节选）

一、组织架构

该物业服务企业的组织架构如图 2—8 所示。

二、人员配备（共 45 人）

设经理 1 名，全面负责园区的物业管理、对各部工作落实检查及对外协调等工作。经理助理 1 名，协助经理做好园区的管理工作，经理不在位时行使经理的职责。财务 1 名，负责财务工作以及物业服务中心的后勤服务工作。

下设六个部门：

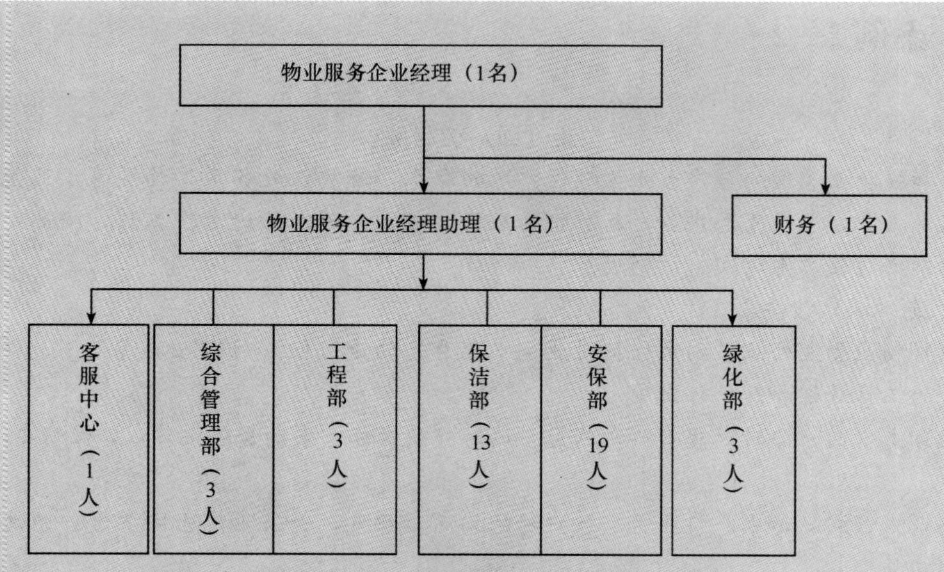

图 2—8 某物业服务企业组织架构

1. 客服中心（1人）

客服主管由经理助理兼任。前台客服员 1 名，协助主管负责前台接待、信息派单、跟踪与回访，负责档案管理工作。

2. 综合管理部（3人）

部门主管由经理助理兼任。管理员 3 名，协助主管负责各自区域的业主服务、园区节日布置、园区业主活动组织、业主接待、健康服务等工作，主要有业主投诉处理、协助各项费用收取、业主意见征询、业主意见和建议收集、日常管理、健康服务、档案管理、业主回访等工作。

3. 工程部（3人）

工程部主管 1 名。综合维修工 2 名，负责园区公共区域设施设备、附属构筑物等日常维修养护及业主委托服务。

4. 保洁部（13人）

保洁部主管 1 名，协助经理负责园区的清洁管理，负责各项检查与指导、物品采购或申领、各项工作安排与协调等工作。保洁员 12 名，负责园区公共区域的保洁工作和客户室内清洁的响应。

5. 安保部（19人）

安保部主管 1 名，协助经理负责园区的安保管理工作，兼任义务消防队长，同时负责对突发事件的处理等工作。秩序维护领班 3 名，协助安保部主管安排好班内的各项工作。秩序维护员 12 名，协助做好小区安保管理工作，负责小区门岗管理、小区巡逻、交通秩序与地下车库管理等。监控员 3 名，负责监控室的相关工作。

6. 绿化部（3人）

绿化部主管由保洁部主管兼任。绿化员3名，负责园区公共区域的绿化养护工作。

三、岗位职责（以物业服务中心经理为例）

1. 坚决执行公司的各项方针、决策、计划和各项指令。

2. 制定物业服务中心的目标，规定各级管理人员和员工的职责范围并监督贯彻执行情况。

3. 建立健全物业服务中心组织系统，使之合理化、精简化、效率化，主持每月月度会，并针对有关问题进行重点讲评和指示。

4. 加强物业服务中心安全管理工作及设施设备维护保养工作。

5. 阅读和分析财务报表，督促部门做好成本控制。

6. 负责做好物业服务中心与公司其他部门之间的沟通及协调工作。

7. 指导培训工作，培养人才，提高公司服务质量和员工素质。

8. 有重点地定期巡视公众场所和各部门工作情况，检查服务质量，及时发现问题、解决问题，及时反馈处理意见。

9. 保持良好的公共关系，树立企业良好的形象。

10. 以身作则，关心员工，奖罚分明，使物业服务中心有高度凝聚力，并要求全体员工以高度热情和责任感去完成本职工作。

11. 负责受理投诉，组织意见征询活动，定期了解物业服务中心各项服务的意见及建议。

12. 全面负责物业服务中心工作，带领全体员工努力工作，完成所确定的各项目标。

思考与练习

1. 简述物业服务整体运作流程。
2. 物业服务的管理制度有哪几大类？
3. 物业服务机构设置的要求有哪些？
4. 请根据你所居住小区的实际情况，制定秩序维护人员的岗位职责。

第三章　人员和物资配备

学习目标

理解物业服务人员的人员配备标准、内容、原则及各类人员素质要求；掌握物业服务人员招聘的程序；熟悉物业服务人员培训的主要方法；掌握绩效考核方法及量化管理。能够从应聘人员中筛选企业需要的人才并予以评级；能够对物业服务人员进行职业生涯规划；用不同的考评方法熟练地进行绩效考核；能根据项目的具体情况配置合理的物资装备。

良好的物业服务团队加上完善的培训管理体系，并通过与有效的管理机制相结合，是为业主提供高质量、高满意度的物业服务必不可少的条件之一。合理优配的人力资源管理，不仅可以为企业创造良好的口碑及公众形象，同时也可以为企业创造优质的品牌效应。为业主提供全方位、高品质的服务，是物业服务企业始终的追求。

第1节　人员配备

人员配备是对组织中全体人员的配备，既包括主管人员的配备，也包括非主管人员的配备。在设置物业服务的组织架构后，明确各部门的职能和岗位职责，就开始对各岗位的人员进行配置。人员配备是根据组织目标和任务正确选择、合理使用、科学考评和培训人员，以合适的人员去完成组织结构中规定的各项任务，从而保证整个组织目标和各项任务完成的职能活动。

人员配备计划内容一般包括基本原则、拟任主任或项目经理人员履历、管理处各岗位人员的配备、岗位职责、工作范畴等。

一、人员配备的原则

根据组织结构所规定职务的数量和要求，对所需人员进行恰当而有效的配备，必须坚持以下几个重要的人员配备原则。

1. 因事择人原则

人员配备的目的是以合适的人员充实组织结构中所规定的各项任务。如果职务不明确，人员配备就缺乏依据，就不能以合适的人员去充实这些职务，就不能做到因事择人、发挥各个管理人员的特长。选取人的目的在于使其担当一定的职务，并能按照要求从事与该职务相对应的工作。要使工作圆满完成并卓有成效，首先要求在保证工作效率的前提条件下安排和设置职位，其次要求占据该职位的人员应具备相应的知识和工作能力。因此，因事择人是实现人事匹配的基本要求，也是组织中人员配备的首要原则。

2. 因材起用原则

所谓因材起用，是从组织中人的角度来考虑，只有根据人的特点和能力来安排工作，既不能大材小用也不可小材大用，才能使人的潜能得到最充分的发挥，使人的工作热情得到最大限度的激发。有效的管理就是要能够发挥人的长处，并使其弱点减少到最小。如果学非所用、大材小用或小材大用，不仅会严重影响组织效率，而且会造成人力资源计划的失效。

3. 动态平衡原则

处在动态环境中的组织，是不断变革和发展的，必须以发展的眼光，根据变化的情况，进行适时的调整。组织对其成员的要求也是在不断变动的，当然，工作中人的能力和知识也是在不断提高和丰富的。因此，人与事的配合需要进行不断的协调平衡，以求每一个人都能得到最合理的使用。所谓动态平衡，就是要使那些能力超强的人去从事组织中更为重要的工作，同时也要使能力平平、不符合职位需要的人得到识别及合理的调整，最终实现人与职位、工作的动态平衡。

案例 3—1

某地物业服务力量配备指导标准

本标准所称物业服务力量配备，是指受聘为建筑区划提供物业服务的物业服务企业或者其他管理人，为依法完全履行物业服务合同的约定，在该建筑区划内应当配备的基本的、保障性的人力资源及设备、器材、信息等技术与装备的总和。物业服务企业或者其他管理人受聘提供物业服务的，物业服务力量配备应当符合本指导标准。

一、人力资源配备指导标准

1. 客户服务人员配备指导标准

（1）客户服务人员配备的最低标准不得低于 1 人/30 000 米^2 或者 1 人/300 户。

（2）参考定额人数 R_1＝建筑区划总建筑面积（米^2）÷20 000（米^2）。

（3）物业服务合同约定的物业服务标准高于本指导标准的，按照合同约定的人数和要求进行配备。

2. 秩序维护人员配备指导标准

（1）物业服务企业或者其他管理人应当按建筑区划实际情况，在建筑区划各出入口、监控室等安全防范重点部位配备相应的秩序维护人员，并配备相应的机动人员。

（2）参考定额人员数 R_2＝［主出入口数×6＋次出入口数×3＋（建筑区划总建筑面积÷40 000 米^2）×3＋监控室数×3］×4/3＋2 名机动人员。

（3）物业服务合同约定的物业服务标准高于本指导标准的，按照合同约定的人数和要求进行配备。

3. 建筑物及其附属设施设备维护人员配备指导标准

（1）根据建筑区划硬件配备的不同，建筑物及其附属设施设备维护人员配备的最低标准不得低于1人/25 000米^2，且应配备强电、弱电、管通等专业维养人员。

（2）参考定额人数R_3＝建筑区划总建筑面积（米^2）÷20 000（米^2）。

（3）高低压室、锅炉房、中央空调等机房的操作人员按照国家相关要求据实配备。

（4）物业服务企业或者其他管理人需要配备强电、弱电工程师各1名，对受聘提供物业服务的建筑区划提供有效的技术支持。

（5）物业服务合同约定的物业服务标准高于本指导标准的，按照合同约定的人数和要求进行配备。

4. 环卫维护人员配备指导标准

（1）环卫维护人员配备的最低标准，非住宅建筑区划不得低于1人/2 000米^2（公共区域），住宅建筑区划不得低于1人/6 000米^2（公共区域）。

（2）参考定额人数R_4＝建筑区划总建筑面积（米^2）÷10 000（米^2）。

（3）物业服务合同约定的物业服务标准高于本指导标准的，按照合同约定的人数和要求进行配备。

5. 绿化维养人员配备指导标准

（1）绿化维养人员配备的最低标准不得低于1人/10 000米^2（绿地面积）。

（2）参考定额人数R_5＝绿地面积（米^2）÷8 000（米^2）。

（3）物业服务合同约定的物业服务标准高于本指导标准的，按照合同约定的人数和要求进行配备。

二、设备、器材、信息等技术与装备配备指导标准

物业服务企业或者其他管理人应当根据建筑区划规模及附属设施设备情况配备以下设备、器材、信息等技术与装备。

1. 维修工具、器材配备

（1）基本配备

指针万用表或数字万用表、数字钳形表、兆欧表、红外线测温仪、绝缘手套、绝缘靴、高压验电器、接地棒、临时接地线、管钳、锯弓、电锤、手枪钻、套装扳手、喷灯、焊机（焊钳、面罩）、三爪。

（2）为受聘提供物业服务的建筑区划配备

人字梯、温湿度计、线盘、玻璃胶枪、电动疏通器、机动潜水泵、皮碗、压线钳、铆枪、锉刀、平板车、安全帽、安全带、应急照明灯、防水电筒、临时电源线、电烙铁、手锤、皮老虎、管钳、施工专用标识牌。

(3) 个人工具

电工专用工具箱。

2. 办公用具、器材配备

计算机、打印机、传真机、复印机、点钞机、电话、空调、办公桌椅、文件柜、保险柜、书柜、标识标牌、办公文具、饮水机、管理员服装。

3. 公共秩序维护工具、器材配备

头盔、消防斧、防护服、安全绳、砂铲、消防桶、面罩、消防扳手等消防器材、双层床、衣柜、专用制服、大衣、雨衣、雨鞋、电扇、热水器、强光手电、对讲机、专用器材。

4. 环卫维护器材配备

洗地机、石材打磨机、抛光机、吸尘器、塑料垃圾桶、垃圾推车、高空作业保护工具、清洁用品、服装。

5. 绿化维养工具配备

剪草机、喷药机、绿篱切割机、个人绿化器具。

6. 信息资源配备

具有网络功能的办公软件、财务软件。

二、拟任主任或项目经理人员简历

管理处一般设有管理处主任或经理 1 名，根据物业服务项目具体情况可再设副主任 1 名。在物业服务方案中应提供拟任管理处主任或项目经理人员的个人简历。简历主要包括基本情况、履历（重点在物业服务工作上的经历）、学历及培训经历（或获得的相关证书）、取得的成绩或获奖情况等。

三、管理处各岗位人员配备

管理处各岗位人员配备主要包括岗位设置、岗位配备的人数及工作地点等。管理处的岗位设置、岗位配备的人数要根据物业服务项目的实际情况及需求来设定，做到服务到位、消除一切安全隐患。

案例 3—2

某物业管理处各部门岗位人员配备见表 3—1。

表 3—1　　某物业管理处各部门岗位人员配备

岗位设置	人员配备（人）	岗位设置	人员配备（人）
管理处经理	1	设备管理部	
经理助理	1	设备部主管	1
业主服务部		强弱电工	2
业主服务部主管	1	给排水管道工	1
业主服务员（接待/财务/贯标/档案/报修）	6	房屋修理工	1
		值班电工	1
秩序维护部		保洁绿化部	
秩序维护部主管	1	保洁绿化部主管	1
秩序维护领班（兼）	1	领班	1
门岗	12	单元内公共部位	8
巡岗	8	外围	2
监控	6	机动	4
机动	6		
合计	65 人		

四、管理处各岗位职责和工作范畴

1. 项目经理

（1）建立、健全各项规章制度，检查督促岗位责任制的执行情况，不断提高服务质量，落实奖惩制度。

（2）安排和调整本部门人员工作，负责制订本部门的工作计划，并组织编写管理报告和各种通知、公函。

（3）负责传达公司文件、通知及会议精神。

（4）检查监督本辖区工程维修、秩序维护、环境管理人员以及管理员工作情况并进行考核，按《员工手册》的要求抓好管理。

（5）熟悉国家有关法规和物业管理规定，掌握各业主情况，检查督促各责任区管理的实际操作。

（6）随时掌握租金、管理费、水电费等的交纳情况，及时做好物业管理费催交的组织工作，并组织解决好有关投诉，不断改进服务质量。

（7）抓好本部门的组织工作和人员的思想工作，主持日常和定期工作会议，研究拟定下一步工作计划。

（8）加强各班的团结合作，树立整体思想，密切与其他部门的联系，互相沟通、协调。

（9）认真完成公司交给的其他任务。

2. 管理员

（1）熟练掌握物业辖区业主和物业的基本情况。

（2）建立收费台账，掌握收费动态，及时收取、催交各项应收费用。

（3）负责办理业主入住、迁出手续，监督管理装修事务。

（4）负责巡视物业使用情况，以及维护秩序、清洁、维修人员的工作情况。

（5）负责对外包服务过程进行监督管理。

（6）负责与业主沟通、回访，有效处理业主的投诉。

3. 秩序维护人员

（1）总则

1）贯彻执行公安机关和上级部门制定的各项法规和制度，努力维护好物业辖区内的治安安全。

2）遵守公司规章制度和《员工手册》，服从领导，完成公司交给的其他工作任务。

3）负责做好对辖区内的巡逻、值班工作，做好大宗物品出物业辖区的登记工作。

4）负责做好机动车辆的管理和收费工作。

5）负责做好综合管理费收取工作。

6）熟悉楼宇情况，以动态、巡查等方式预防、发现、制止各类事故，例如打架斗殴、盗窃等事件，提高应急处理能力。

7）按规定着装，文明值勤，严格交接班手续，认真做好值班记录和交接班记录。

8）讲究文明、礼貌待人，耐心说服、教育住户遵守物业辖区各项管理规定。

（2）秩序维护队队长

1）了解和掌握秩序维护队的情况，根据管理处领导的要求和意图，结合实际，建立、健全各项工作细则的奖惩条例，抓好实施组织和监督工作，对物业辖区的治安、消防、车辆交通工作全面实施管理。

2）主持秩序维护业务工作会议，督促检查各项规章制度的落实，重点是《员工手册》及秩序维护的相关规定的落实情况，组织队员学习业务知识和形体仪表训练，认真做好培养和业务训练，提高全体队员的整体素质。

3）经常定期、不定期检查秩序维护队员的工作情况，做好监督、检查和考评工作，落实岗位责任制和奖惩条例。

4）掌握队员的思想动态，认真做好思想工作，抓好秩序维护队伍的思想建设，关心队员的生活状况和业务水平，做好全体队员的思想教育、法制教育和职业精神教育，帮助下属正确处理好工作中的各种问题，为下属解决实际问题。

5）教育培养所属班长，不断培养他们的组织指挥能力和管理水平。

6）处理有关秩序维护方面的事务，重大治安问题和事故及时向领导汇报，并采取果断措施，控制事态发展。

7）完成公司交办的收费等其他工作任务。

（3）秩序维护班长

1）负责组织当班的秩序维护工作，监督、指导执勤工作，及时纠正和登记违纪违章现象。

2）检查本班人员的着装仪容、内务卫生，保管好配备的通信器材、秩序维护设施、自卫武器等物品。

3）负责填写值班记录，登记本班奖罚情况，检查各巡逻点情况。

4）按照秩序维护部（队）制定的培训计划搞好组织实施工作，定期召开班务会，经常对队员进行具体的业务指导和岗位培训，提高本人和全班的整体素质和业务水平，及时解决当班时间内的各种突发事件。

5）及时做好上传下达和请示汇报工作，与辖区业主搞好关系。

6）熟悉在紧急情况下本班的组织指挥，处理好一般性的治安事件和业主的投诉，落实安全措施，预防各种事故，工作中有处理不当的事应及时向上级请示汇报。

7）团结本班人员，坚持做好经常性的思想工作，熟悉和掌握队员的思想动态、工作表现和工作能力。

8）完成公司下达的其他任务。

（4）秩序维护员

1）门岗

①熟悉物业辖区的概况、平面布局及楼幢分布情况。

②保持威严可敬的仪表仪容和良好的精神风貌。

③负责做好大宗物品出物业辖区的管理工作，对住户装修人员及装修物品的出入进行管理，制止闲杂人员随意进入物业辖区。

④负责做好机动车辆的出入管理和收费工作。

⑤熟悉秩序维护设施设备的操作规程及报警设施的使用方法。

⑥做好本岗位的清洁卫生和交接班工作。

⑦负责回答解决住户及来访人员提出属于本岗职责内的问题。

⑧对任何有损物业辖区物业管理的行为，及时进行规劝和制止。

2）巡逻岗

①严格遵守公司规章制度，实行 24 小时巡视巡逻制度，严格执行队列行走标准，树立

公司良好形象和个人道德风范。

②树立强烈的责任感，全面做好物业辖区的治安、消防、车辆、收费以及住户求援、报警等工作，确保物业辖区治安良好，秩序井然。

③熟知本人责任区域内住户情况，了解物业辖区内其他区域房屋的地形以及各条通道的布局，做到勤巡逻、勤检查，发现问题及时处理。

④熟悉物业辖区消防设施的配置，并能熟练使用各种消防器材，掌握防火自救知识。

⑤巡查公共设备设施使用和公共卫生保洁情况，发现设施受损及时上报，对任何有损物业辖区物业管理的行为，及时进行规劝和制止。

⑥加强对物业辖区的机动车辆管理，维持车辆停放秩序。

⑦积极参加职业道德和业务、消防培训，努力提高自身素质。

4. 维修人员

(1) 执行公司决定，服从管理、遵守纪律，树立良好的服务意识。

(2) 熟悉物业辖区内楼宇的楼幢号、单元、户数和房屋结构、水施、电施等管线走向。

(3) 严格遵守服务内容与服务标准，及时受理业主提出的各种报修。

(4) 积极为业主提供多项便民服务，并做到服务周到、热情、规范，无投诉。

(5) 工作时间按规定着装、佩戴工作牌，严格遵守操作规程以确保安全，预防意外事故的发生。

(6) 工作完毕及时清理施工现场杂物，服务过程必须请业主签字认可。

(7) 爱护工具，杜绝浪费，按规定领用工具和维修材料。

(8) 负责对共用部位设施的巡视和保养。

(9) 按月做好报修、维修记录的汇总和材料采购的计划编制。

5. 保洁工

(1) 遵守公司制定的各类规章制度和《员工手册》。

(2) 尊重领导，服从分配，及时完成工作任务。

(3) 上岗佩戴好工作证，穿戴好服装，并保持整洁。

(4) 文明服务，作风廉洁，拾金不昧。

(5) 按照服务内容和服务标准对物业辖区进行清洁卫生打扫，维护物业辖区良好的卫生环境秩序。

(6) 及时清洗公共部位的乱涂、乱画以及乱张贴的广告、标语等。

(7) 对保洁范围内物业的异常情况及时向秩序维护员或管理员汇报。

(8) 对乱扔废弃物的现象予以制止，并及时清除。

(9) 妥善使用并保管好清扫、保洁工具，做到勤俭节约、以旧换新，对无故损坏的酌情赔偿。

6. 绿化工

(1) 遵守公司的规章制度和《员工手册》。

(2) 服从公司领导和管理人员的检查监督，工作时佩戴好上岗证。

（3）绿化养护操作场地及道路两旁整洁有序，无危及车辆、行人的现象。

（4）对住户说话和劝阻有损绿化的行为要温和有礼。

（5）正确并熟练操作使用园林器械，妥善保管好绿化工具设施、农药、化肥及其他用品，严格使用化肥和农药。

（6）花草树木及时浇水，防止过旱和过涝。

（7）对花草树木定期培土、施肥、除杂草和除病虫害，对新栽的花草树木要及时修剪、补苗、浇水，保证成活率达90%以上。

（8）熟悉物业辖区内的绿化概况，充分利用绿地面积，合理布局、种植花草、树木。

（9）对工作过程中发现的物业服务辖区的异常情况及时向秩序维护员或管理员汇报。

第2节　人员培训与管理

物业服务企业应根据物业服务项目具体组织机构的设置安排各岗位人员，按岗位任职要求有效地招募优秀员工，合理开发人才、使用人才，不断激励员工，提高人力资源管理水平，以适应企业可持续发展的需要。同时，依据企业员工的岗位任职要求、顾客服务需要和企业发展战略规划确定培训工作方向和目标。

一、物业服务人员的招聘与培训管理

物业服务企业有充分的用工自主权，可以根据企业的实际情况和具体需要，建立起适合市场经济环境、灵活多样的招聘制度，按照具体岗位的设置，配备各种人员。要为企业获取合格的人员，尤其是在人才竞争日趋激烈的今天，能否吸引并选拔到优秀的人才成为物业服务企业生存和发展的关键。能否吸纳有能力的人员，正是通过招聘录用来实现的。招聘录入是进入企业或者具体职位的重要入口。

二、物业服务人员培训

培训工作对物业服务企业来说是一项长期工作，物业服务企业应结合自身情况制定培训内容，使培训工作制度化、规范化。培训内容主要包括培训的目的和意义、培训的基本内容、培训的方法、培训的分类、培训的组织实施、培训的监督管理、培训的效果评估等。物业服务工作涉及内容较多，培训工作相对复杂，但总的来说，培训可包括三个方面的内容，即企业相关知识的培训、物业服务工作基础知识的培训和物业服务从业人员专项技能的培训。

1. 企业相关知识的培训

知识学习是员工培训的主要方面，与工作有关的各方面知识是员工培训的首要内容。

组织应该通过各种形式的培训使员工学习和掌握相关知识，包括让每一名员工对公司发展史、企业文化、现状、未来规划、管理服务理念、经营范围、内部规章制度、职业道德规范、人力资源管理等有一个全面的了解。

2. 物业服务工作基础知识的培训

该类培训主要是让管理人员及操作人员熟悉并掌握与企业管理、物业服务相关的基础知识，不同工作岗位要掌握不同的培训内容。例如，客户服务培训主要是客户服务标准、电话用语与礼貌、客户接待礼仪等的培训。

3. 物业服务从业人员专项技能的培训

知识的运用必须具备一定的技能，企业员工从事本职工作需要掌握熟练的业务、人际交往等技能。培训内容主要有认知能力（包括语言理解能力与推理能力）、写作能力与决策能力、改革创新能力、灵活应变能力、人际交往能力等。

三、培训开发的具体实施

培训开发工作是一项非常复杂的活动，为了保证顺利实施，在实践中应当遵循一定步骤来进行。一般来说，员工培训包括培训前的准备、培训的实施、培训的评价与反馈等几个环节。

1. 培训前的准备阶段

（1）培训需求分析的内容

在编制培训计划之前，首先要对企业的培训需求进行全面的分析。培训需求分析主要包括三个方面的内容。组织分析结合企业的年度经营管理发展计划，分析企业及各部门需要哪些培训以保证计划的实施。任务分析依据企业的工作内容，分析个人需要进行哪些培训才能保证任务的完成。个人分析依据企业的人力资源现状，分析哪些人需要培训，培训的具体内容是什么。

（2）培训需求分析的方法

培训需求分析的方法有很多种，其中最为常用的方法有三种，即问卷调查法、访问法、观察法。问卷调查法是向企业员工发出培训需求问卷，让员工结合自己的工作任务提出培训要求、结合自己的个人发展提出培训需求。问卷调查法是一种非常普遍而又行之有效的方法。这种方法能培养员工关心学习、热爱学习、参与学习的热情，既是培训需求分析方法又是企业文化建设的重要内容，较为有效。访问法是通过访问方式来获取信息进行培训需求分析的方法，访问可以是面对面的，也可以是借助其他媒介的。挑选不同管理层次、不同工作部门的管理人员以及不同工种的操作人员进行面谈，根据面谈了解到的信息以确定公司的整体培训需求。观察法指直接到工作现场，通过观察员工的工作过程来进行培训需求分析。这几种方法各自都有自己的优缺点，在实践中，企业要根据实际情况来选择合适的方法。

2. 培训的实施阶段

在培训的实施阶段，企业要完成的工作主要是制订培训计划、选择培训方法、实习培训。制订培训计划是为了规定培训工作的目标，制定整体规划以实现这些目标，以及将培训计划逐层展开以便协调和将各种活动一体化。

（1）制订计划

企业各部门根据培训需求分析的内容，结合部门培训目标以及部门年度发展计划制订出本部门的年度培训计划，上报到企业人力资源管理部门，再由企业人力资源管理部门结合企业年度发展计划以及企业培训总体目标制订整个企业的培训计划。

（2）培训目标

有了培训目标，员工学习才会更加有效。培训目标是指通过培训工作所期望取得的成果，这些成果包括个人的、部门的、整个企业所要求达到的培训结果。培训目标是制订培训计划的基础，培训目标决定了培训课程、培训方式等一系列的内容。同时，培训目标又是培训考核和培训评估的依据。所以，培训目标的制定应该准确、细致并具有可测量性。

（3）计划内容

为保证培训工作按时、按质地实施，培训计划应包括课程设置、培训方式、培训控制、培训评估等方面的内容。

培训课程包括培训课程的名称、培训的时间、培训地点、培训教员简介、针对培训课程的培训要求等内容。明确的培训要求有利于员工提前对所培训的内容有所准备和有所侧重，有利于提高培训效果。根据培训内容以及培训对象的不同，可采用不同的培训方式。

常用的培训方式包括讲授法、学徒培训法、讨论法、角色扮演法和管理游戏法。

讲授法是最常用的一种教学方法，通常是以培训者讲授或演讲的方式来对受训者进行培训。讲授的形式多样，不管哪一种讲授，都是一种单向沟通过的方式。

学徒培训法的特点是由一名经验丰富的老师傅负责帮带一名或几名新员工，通过传授、示范、练习、检查反馈等一系列过程提高新人的工作技能。学徒制较适合物业管理工作实践中秩序维护、绿化、环境管理、维修等技术性工种。

讨论法是员工以几个人为一组对特定的话题或主题进行讨论。指导老师控制培训的时间和进程。每一位员工都可以自由地发表自己的意见，但是不允许反驳别人的意见。指导老师将每个人的意见都写在黑板上，同时鼓励员工说出更新或更古怪的想法。当大家将自己的想法全部讲完后，在指导老师的指导下，员工对每一种意见进行评价，最后选出大家都满意的答案。这种讨论方式是引导员工自己解决管理问题的有效方法。

角色扮演法是给受训者提供一个真实的情景，让培训对象假想自己是公司的某一角色，并以此角色的身份来解决问题。这种方法能让培训对象身临其境地分析问题和解决问题，对员工提高工作技能和改造工作习惯都很有帮助。例如：让员工扮演业主要求提供相应的服务，以提高员工的服务意识；让工作习惯不好的员工与上司角色转换，以达到改变工作习惯的目的。

管理游戏法这种方法寓教于游戏中，通过完成事先设计好的精妙游戏，让培训对象领悟到其中的管理思想。例如：组织员工对有争议的物业管理事件进行辩论，在辩论中提高认识。

（4）培训控制

培训控制的目的是为了监视培训活动，以保证培训活动按计划进行并纠正培训过程中的偏差。培训控制可采用培训签到制、教员评语制等方法。还可在每次培训结束时对员工进行考核，并将考核成绩纳入绩效考评，与员工待遇挂钩。

（5）培训评估

每次培训工作结束后可通过员工的培训报告、员工的工作表现等对培训工作的效果进行评估，以便在今后的培训中采取更好的培训措施。

3. 培训的反馈阶段

员工培训的反馈阶段是员工培训系统中的最后环节。培训反馈不仅可以监控培训活动是否达到了预期的目的，更重要的是有助于对以后的培训进行改进和优化，能够更好地进行员工培训。

第3节 物资配备

物业服务项目物资的配备主要包括各种用房的配备和各种管理工具装备的配置。这些物资的配备是否妥当，将直接影响物业服务的消耗成本及服务效率、管理水平，同时对所提供的有效服务是否达到业主的要求起到重要作用，因此要特别重视上述物资的配置。

一、物业服务用房的配备

物业服务部门要根据国家住房和城乡建设部以及当地的管理办法、物业服务工作的实际情况开展工作，就需要具备一定数量的物业管理用房。

建设单位提供的物业服务用房应当为地面以上能够独立使用的房屋，并具备水、电等基本使用功能。

规划行政主管部门在核发建设工程规划许可证时，应当对物业服务用房的位置、面积予以审查。房地产行政主管部门在核发房屋预售许可证和办理房屋所有权初始登记时，应当核查并注明物业服务用房。

物业服务用房的所有权依法属于全体业主。未经业主大会同意，任何单位和个人不得改变物业管理用房的用途。

例如，《上海市人民政府批转市房地产资源局关于上海市住宅物业管理规定若干意见的通知》第五条规定如下。

建设单位应按照下列标准配置物业管理用房：

（一）物业管理企业用房，不低于物业管理区域房屋总建筑面积的0.2%；物业管理区域房屋建筑面积不足 5 万米^2 的，不低于建筑面积 100 米^2。

（二）业主委员会用房，不低于建筑面积 30 米^2。

配置的物业管理用房应当为地面以上的独用成套房屋，并具备水、电等基本使用功能。

《辽宁省物业管理条例》第二十七条规定如下。

建设单位应当按照下列规定配置物业管理用房：

（一）建筑面积 5 万米^2 以下的按照不少于总建筑面积 4‰配置，但最少不低于 100 米^2。

（二）建筑面积超过 5 万米^2 的，超过部分按照 2‰配置。

1. 物业服务用房设计原则

物业服务用房的设计，首先必须遵守国家相关法律法规及设计规范的要求，目前国家相关法律法规对物业服务用房面积、产权归属等均有较详细规定；其次在满足国家法律法规要求和设计规范的基础上，根据项目档次、服务定位等因素综合考虑，其标准可略高于国家法律法规规定和设计规范的要求。

2. 物业服务用房具体设计标准

物业服务用房包括服务接待区、办公区、休息区、操作区和仓储区等功能区。其中，服务接待区主要用于接待来访客户、客户办理各类物业服务手续；办公区是物业服务员工及业主委员会的办公场所，必须有配套的卫生间；休息区是物业服务基层员工休息场所；操作区即维修工程操作间；仓储区即物业服务物资仓库，主要存放“三防”物资、维修材料、清洁绿化物品等。

3. 物业服务用房位置及布局要求

物业服务用房各功能区域的位置及布局直接关系到对客服务品质和办公效率，在设计之时应综合考虑。

（1）物业服务用房不建议在地产产权的会所设置，以防产权不清。

（2）服务接待区应设在项目首层，需设计一个开放式前台，规模小的项目可与岗亭合并考虑，占地面积较大的项目可在项目中心部位设置，超大规模的项目可考虑分区域设置小型服务处，减少客户办事奔走距离。

（3）办公区应有集中办公室、经理室、档案资料室、会议培训室、卫生间等功能分区。休息区的员工休息室主要用于员工交接班更衣、饮水和休息，需考虑设置两至三处。办公区和操作间应分隔。

4. 物业服务用房装修及其他要求

（1）物业服务用房的服务接待区、办公区等应结合项目档次、服务定位等因素，确定装修档次。

（2）装修材料应选择环保材料。

（3）服务接待区、办公区等区域的网络、电话等端口应根据办公布局加以考虑。

（4）固定式秩序维护岗亭应根据气候条件考虑设置供暖系统、空调电源。

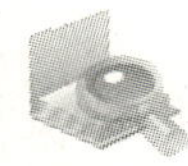

案例 3—3

某物业服务用房方案

1. 服务用房

根据招标书中提供部分数据，经测算，物业服务用房为 1 000 米^2，对物业服务用房的安排见表 3—2。

表 3—2　物业管理用房安排

序号	部门	面积（米^2）	位置	序号	部门	面积（米^2）	位置
1	总经理办公室	35		5	客服前台	100	
2	工程部办公室	100		6	仓库	300	
3	客服行政	150		7	会议室	100	
4	秩序维护部	100			环卫	50	
备注		管理用房拟安排 935 米^2					

2. 员工生活用房

（1）员工食堂 100 米^2。

（2）员工宿舍 275 米^2。

（3）经理按 8 米^2/人的标准配备，计 32 米^2。

（4）其他管理人员按 4 米^2/人的标准配备，计 16 米^2。

（5）作业人员按 2.5 米^2/人计，共 275 米^2。

（6）生活用房共 375 米^2。

二、物业服务工具的配备

物业服务工具的配备是保证物业服务开展的辅助手段，一般在服务方案中列明物品的名称、数量、单价、总价、型号要求等。物业服务工具的配备应本着科学、合理、实用的原则，确保物业服务有效完成，同时满足业主对物业服务的要求。

1. 服务工具的分类

（1）A 类：办公用品类物资

为满足物业服务企业正常办公而所需的 IT 设备及备件、网络设备及备件、开发工具、软件产品、计算机外设与耗材及其维护服务，公司用车辆、家具、办公设备、办公文具、办公耗材、印刷类产品、礼品、财产保险、场地修饰、设施维护以及其他行政类物资及服务。

（2）B 类：工程用水、电、土建类物资

为满足小区设备设施维护而需要的各种水、电配件、土建施工常用品。

(3) C类：清洁绿化类

包括小区清洁所需的常用设备、工具、消耗品，小区绿化所需的设备、工具、消耗品、补种的花草、树木以及维护。

(4) D类：劳保类物资

包括办公室、秩序维护、绿化、工程、清洁等全体职工的工服及劳动保护用品。

(5) E类：固定资产类

2. 管理工具采购流程及采购方式

(1) 采购流程

各部门根据正常经营活动以及工作计划，要在每月要求的日期前编制申购计划，报到采购员处，然后按采购员填写“申购单”—报相关部门主管审核—项目经理审核—副总经理审批—总经理审批—采购人员按计划采购—物资使用部门验收—采购人员办理财务等相关手续并登记管理的流程进行。如需紧急采购，采购人员在得到总经理口头允许的前提下，可以先行采购，而后补办“申购单”手续。

(2) 采购方式

除行业垄断的项目、受政府相关部门限制的项目等以外，均应采用“货比三家”的方法，由采购人员与使用人员对市场价格进行调查，向几家供应商发放询价表，进行比价、议价到最后定价，并做好询价、定价表的管理。由公司采购人员提供价格参考表，再进行市场询价、定价。

3. 采购协议和合同的管理

(1) 长期供应商

要求其提供营业执照复印件，并与公司签订供货协议（合同），以确保其供应物资的质量、规格以及价格的合理性。

(2) 临时供应商

要求与其达成临时协议，保证物资质量、规格以及价格的合理性。

4. 采购实施与管理

采购人员根据审批的申购单，依据实际情况进行询价、定价后，确定供应商，进行采购。大宗用品或长期需用物资，与有关厂家、供应商签订长期供货协议，以保证质量以及合理的价格供应。原则上采购人员应寻找至少三家供应商，进行各方面的比较后再确定最终供应商。与项目工程部保持信息畅通，做好物资采购保障工作。

案例3—4

物业服务工具配备方案（节选）

物业服务工具配备方案见表3—3和表3—4，以办公用品和清洁绿化工具为例。

表 3—3　　办公用品配备方案

序号	项目	数量	用途
1	办公桌、椅	13 套	办公用
2	会议桌椅	1 套	办公用
3	计算机	4 台	办公用
4	打印机	1 台	办公用
5	传真机	1 台	办公用
6	复印机	1 台	办公用
7	数码照相机	1 架	
8	电话机	2 部	办公用
9	制度上墙及标识	1 批	
10	冰箱	1 台	
11	微波炉	1 台	员工热饭用
12	文件柜	6 个	办公用
13	钥匙箱	3 个	
14	电水壶	3 个	
15	饮水机	3 台	
16	塑封机	1 台	办公用
17	资料架	1 个	办公用
18	报刊架	1 个	办公用
19	沙发	2 组	
20	高低床	25 个	住宿用
21	木床	3 个	住宿用
22	储藏柜	20 个	秩序维护员摆放生活物品
23	电视机	1 台	员工娱乐用
24	大白板	1 块	培训、开会等使用
25	员工更衣柜	12 组	
26	床上用品	56 套	住宿用
27	食堂用品	1 套	食堂用
28	交房用铅印资料	1 批	
29	员工工作服	1 批	

表 3—4 清洁绿化工具配备方案

序号	项目	数量	用途
1	封闭手推垃圾车	2 辆	清洁用
2	平板车	2 辆	搬运建筑垃圾用
3	高压烟雾机	1 台	绿化、消杀用
4	手动喷雾器	2 台	绿化、消杀用
5	钢丝钳	2 把	绿化用
6	保洁绿化工具	1 批	

思考与练习

1. 物业服务企业人员配备的原则有哪些?
2. 项目经理的岗位职责和工作范围有哪些?
3. 物业服务人员应具备哪些素质?
4. 一家物业服务企业要真正搞好培训工作需要哪些条件?

第四章　物业服务费用收支测算

学习目标

能正确核算物业管理成本，合理运用管理费开支，控制各项费用成本，了解物业服务费用测算的依据，熟悉物业服务费用测算的内容，为物业项目的投标工作做好前期准备。

物业服务费用收支测算主要包括物业服务费用测算依据、物业服务费用测算原则、物业服务费用测算说明、物业服务费用收支测算、物业服务费用收支测算分析、增收节支措施等内容。物业服务费用收支测算是物业服务方案的重要环节，也是中标的关键点，因此应当仔细合理地测算。物业服务企业坚决不能为了中标而压低服务费用的测算，否则中标后会收支不平衡，造成经营危机。

第 1 节　物业服务费用基本知识

一、物业服务费用的概念

物业服务费用是指物业服务企业按照物业服务合同的约定，对房屋及配套设施设备和相关场地进行维修、养护、管理，维护相关区域内的环境卫生和秩序，向业主收取的费用。

二、物业服务收费的价格形式

政府部门审定物业服务中的重要收费项目和标准，由房地产主管部门会同物价管理部门审定，通过颁发法规或文件予以公布实施。例如，售房单位和购房人缴纳住宅维修基金、物业服务费用、建设施工单位提交保修费等重要项目，由房地产主管部门提出标准，经物价管理部门核定后执行。

会同业主商定物业服务是由业主委托的契约行为，因而有的收费标准不必由政府部门包揽，可由物业服务企业将预算提交业主管理委员会讨论、审核，经表决通过之后，就是一个合理的收费标准。此时，物业服务企业应及时拟一份物业服务费标准审议会议的决议，一同印发给每位业主（用户），并且从通过之日起按这一标准执行。物业服务企业在每次新的费用标准通过之后，只要将每一费用项目的标准一次性向业主公布，在以后每月发放收费通知单时，只需通知费用总额就行了。这样，不仅可以减少劳动耗费，也可节省纸张等材料费用。

委托双方议定对于专项和特约服务的收费，诸如维修家电、接送孩子、代送牛奶、清扫保洁等项目，可由委托人与物业服务企业双方议定，根据提供服务的要求，按不同的服务水平确定不同的收费标准，由用户与物业服务企业单位自行商定。

三、物业服务费用的约定形式

根据《物业服务收费管理办法》规定，业主与物业服务企业可以采取酬金制或包干制等形式约定物业服务费用，具体见表4—1。

表4—1 酬金制和包干制

	包干制	酬金制	备注
定义	包干制是指由业主向物业服务企业支付固定物业服务费用，盈余或者亏损均由物业服务企业享有或者承担。实行包干制的，物业服务费用的构成包括物业服务成本、额定税费和物业管理企业的利润	酬金制是指在预收的物业服务资金中，按约定比例或者约定数额，提取酬金支付给物业服务企业，其余全部用于物业服务合同约定的支出，结余或者不足均由业主享有或者承担。实行酬金制的，预收的物业服务资金包括物业服务支出和物业服务企业的酬金	
特点	（1）企业在服务与利润夹缝中生存 （2）节省监管成本，提高决策和服务效率	（1）更加有力地保护了业主和物业公司双方的利益 （2）加大了物业服务运作过程中的财务透明度，大力推动了物业行业的市场化进程 （3）酬金制是实现阳光财务的有效途径	
适用范围	（1）对收费敏感、服务不敏感的企业适用 （2）公众物业适用 （3）品牌优势较为突出的物业服务企业，针对市场化程度高的物业项目	（1）有比较完善的市场环境，要有诚实守信的企业行为，要有正确的消费习惯和理念等 （2）高端物业及商业物业较为实用 （3）对收费不敏感、对服务敏感的企业适用 （4）处于幼稚期的企业或者业主结构合理的项目（尤其是非住宅项目）适合采用	对于住宅类物业，由于复杂性，加上业主身份、水平、层次等方面的差异，可以依据具体情况使用包干制或酬金制
收费	物业企业依据收费价格标准确定服务内容及服务质量标准、服务质量，由业主确定的费用，不能随意更改	物业公司根据服务质量要求测算固定的酬金收取标准及金额，服务质量由业主确定，可以随时调整	

续表

	包干制	酬金制	备注
优势和劣势	(1) 收费模式易于操作，简单便捷 (2) 强化了成本意识，有利于企业集约经营 (3) 包干制以品牌策略为基础，推崇品牌优势 (4) 容易造成物业服务交易的不透明，降低服务质量，减少服务类型	(1) 更能提升业主的主体地位，发挥业主的监督机制 (2) 机制运作规范、财务透明，缓解了企业与业主双方的矛盾 (3) 适当减轻企业税负，有利于小企业或幼稚期企业发展 (4) 增加了业主的监督管理成本	

四、物业服务费测算编制应考虑的因素

(1) 物业服务费的测算编制应当区分不同物业服务项目的性质和特点，并考虑其实行的是政府指导价还是市场调节价。

(2) 物业服务费的测算编制应根据物业服务项目的内容和要求，科学测算确定物业服务成本。

(3) 物业服务企业为该物业服务项目投入的固定资产折旧和物业服务项目机构用物业服务费购置的固定资产折旧，均应纳入物业服务费用的测算中。

(4) 物业服务属微利性服务行业，物业服务费的测算和物业服务的运作应收支平衡、略有结余，在确保物业服务项目正常运行维护和管理的前提下，获取合理的利润，使物业服务企业得以可持续发展。

实行物业服务费用包干制的，物业服务费用的构成包括物业服务成本、法定税费和物业管理企业的利润。实行物业服务费用酬金制的，预收的物业服务资金包括物业服务支出和物业服务企业的酬金。

五、物业服务费用的测算依据

(1) 国家住房和城乡建设部、各地方住宅小区与高层楼宇物业服务暂行规定及政府相关物业管理法律法规。

(2) 国家住房和城乡建设部、各地方政府关于物业服务收费暂行规定或管理办法。

(3) 各省区市物业服务收费分类分级指导标准。

(4) 依据所承接物业的类型、性质、市场定位、配套设施设备的具体情况及管理要求和服务项目，并参考招标物业所在区域物业服务市场同类同质物业服务项目的收费标准。

(5) 行业惯例及专业经验。

六、物业服务费用的测算原则

1. 遵循物业服务行业特点的原则

物业服务行业属于保本微利的服务行业。客观、准确、完整地核算物业服务的成本支出，是物业服务企业正常运转的基础，也是为业主/使用者创造舒适工作环境、达到物业保值增值目的的基本条件。

2. 服务水平与服务费用相匹配的原则

针对物业服务项目的需求，根据服务水平与服务费用“质价相符”的市场特点，准确定位物业服务的水平，准确定位服务费用标准。

3. 管理者提取酬金原则（此原则仅适用于酬金制计费方式）

物业服务企业的利润来源以物业服务费用支出为基础，并按一定比例提取管理者酬金，即：管理者酬金＝物业服务费用支出×管理酬金比例。

七、物业服务费用测算的内容

物业服务费用测算的主要内容包括项目所需的人力资源成本和日常管理成本的预测、物业收入项目的预测以及管理风险、经营风险和未来通货膨胀率的评估、预测。

物业服务收费的费用构成实行物业服务收费包干制的，物业服务费用的构成包括物业服务成本、法定税费和物业服务企业的利润；实行物业服务收费酬金制的，预收的物业服务资金包括物业服务支出和物业服务企业的酬金。

物业服务成本主要包括：服务人员的工资、社会保险和按规定提取的福利费等，物业共用部位、共用设施设备的日常运行、维护费用，物业服务区域清洁卫生费用，物业服务区域绿化养护费用，物业服务区域秩序维护费用，办公费用，物业服务企业固定资产折旧，物业共用部位、共用设施设备及公众责任保险费用，经业主同意的其他费用。

其中物业共用部位、共用设施设备的大修、中修和更新、改造费用，应当通过专项维修资金予以列支，不得计入物业服务支出或者物业服务成本。

实行物业服务费用酬金制的，预收的物业服务支出属于代管性质，为所交纳的业主所有，物业服务企业不得将其用于物业服务合同约定以外的支出。物业服务企业应当向业主大会或者全体业主公布物业服务资金年度预决算并每年不少于一次公布物业服务资金的收支情况。业主或者业主大会对公布的物业服务资金年度预决算和物业服务资金的收支情况提出质询时，物业服务企业应当及时答复。物业服务收费采取酬金制方式，物业服务企业或者业主大会可以按照物业服务合同约定聘请专业机构对物业服务资金年度预决算和物业服务资金的收支情况进行审计。

物业服务收入主要包括主营物业服务费收入、停车场收入、物业租赁及经营收入、有偿特约服务收入等。

第2节 物业服务费用测算

一、物业服务费用测算方法

1. 根据管理成本推算物业服务费单价

首先依据招标物业服务项目的基本资料、招标方的物业服务需求、组织架构和人员配置方案估算项目的各项管理成本，然后测算房屋保险、设备保险、公众责任险等费用，并对管理期间可能出现的各种风险进行预测，估算不可预见费用（一般按其他各项管理成本之和的2％～5％的比例进行估算），最后根据上述各项推算出项目的盈亏平衡点，估算出在盈亏平衡点区间的物业服务费标准，在此标准的基础上根据投标策略进行相应调整，测算出最接近标底的投标报价。

2. 根据预定的物业服务费用标准测算物业管理成本

采用这种费用测算方式一般有两种情况：一种是在实行政府指导价的物业管理项目进行招标时，通常需要在预定的物业服务费用标准下制定相应的成本、费用测算方案，如城市居民经济适用房、政府公用基础设施等；另一种是在单一业主的招标项目或小范围的邀请招标与协议招标的项目中出现的，由招标方根据市场价格预定一个物业服务费用（或预定某一区间的价格），要求投标方在此价格的基础上制定方案，再根据方案进行评比、筛选。这种方式要求投标企业不仅要准确合理测算出每一项的成本及费用的支出，而且要根据测算结果对其他相关项目的方案内容进行科学设计或调整，以期符合招标方的要求。

在实行包干制收费方式的项目中，费用测算有时需要将上述两种测算方式有机结合，以确保成本控制和风险预测的全面和准确。

二、物业服务费用构成

1. 管理、服务人员的工资和按规定提取的福利费

这部分费用是相关人员的费用，包括基本工资、按规定提取的福利费、加班费和服装费，不包括管理、服务人员的奖金（奖金是根据经济效益从盈利中提取的）。人员费用的测算，首先根据所管物业的档次、类型和总建筑面积确定各级各类人员的编制数，然后确定各自的基本工资标准，计算出基本工资总额，再按工资总额计算各项福利提取的数额，汇总为每月该项费用的总金额，最后分摊到每月每平方米建筑面积上。

（1）基本工资

根据企业性质并参考当地的平均工资水平确定。

（2）按规定提取的福利费（根据当地政府的规定由企业确定）

这项费用包括福利基金（如按工资总额的14%计算）、工会经费（如按工资总额的2%计算）、教育经费（如按工资总额的1.5%计算）、社会保险费（包括待业保险，如按工资总额的1%计算）、医疗保险（如按工资总额的6%计算）、工伤保险、养老保险（如按工资总额的19%计算）、住房基金（如按工资总额的6%计算，含住房公积金）等。

（3）加班费

如按人均月加班2天，再乘以日平均工资计算。日平均工资按每月22个工作日计算。

（4）服装费

按每人每年2套服装计算，标准由企业自定。计算出年服装费总额后再除以12个月，即为每月服装费。

2. 公共设施、设备日常运行维修及保养费

（1）公共建筑（如过道、门厅、楼梯及道路环境）内的各种土建零修费。

（2）给排水日常运行、维修及保养费。

（3）电气系统设备维修保养费。

（4）燃气系统设备维修保养费。

（5）消防系统设备维修保养费。

（6）公共照明费。

（7）不可预见费。

（8）易损件更新准备金。

3. 绿化管理费

绿化管理费是指小区环境绿化的养护费用，包括绿化工具费、劳保用品费、绿化用水费、农药化肥费、杂草清运费和景观再造费等费用。

4. 清洁卫生费

清洁卫生费包括购买清洁工具和劳保用品的费用、卫生防疫杀毒费、化粪池清掏和外运费以及清洁环卫所需其他费用。

5. 秩序维护费

秩序维护费是指对封闭式小区公共秩序进行维持的费用，包括秩序维护器材装备费（秩序维护系统、秩序维护器材等）、秩序维护人员人身保险费（如每年投保2万元人身意外伤害险，保险费率为4‰）、秩序维护用房及秩序维护人员住房租金（如秩序维护用房按8米^2/人计算，住房月租金为8元/米^2）。

6. 办公费用

办公费用包括交通费（车辆及保险维护费用）、通信费、低值易耗办公用品费、书报费、广告宣传社区文化费、办公用房租金（含水电费）和其他杂项等。

7. 企业固定资产折旧

物业服务企业固定资产包括交通工具、通信设备、办公设备、工程维修设备和其他设备等。固定资产平均折旧年限一般为5年。

8. 利润

利润率按各地物价主管部门根据本地区实际情况确定，一般以普通住宅小区平均利润率不高于社会平均利润率为上限。

9. 法定税费

法定税费指按现行税法物业服务企业在进行企业经营活动过程中应缴纳的税费。物业服务企业享受国家对第三产业的优惠政策，应缴纳的税费主要是“两税一费”（代收代缴部分不计征），即营业税、城市建设维护税和教育附加费。

三、物业服务费用测算公式

物业服务费的测算公式如下：

$$V=\sum V_i \quad (i=1, 2, 3, \cdots, 12)$$

式中 V——求得的物业服务费标准，元/（月·米^2）或元/（年·米^2）；

V_i——各分项收费标准，元/（月·米^2）或元/（年·米^2）。

物业服务费用项目一般包括以下几项：物业服务人员的工资、社会保险和按规定提取的福利费，物业共用部位、共用设施设备的日常运行、维护费用，物业服务公共区域清洁卫生费用，物业服务公共区域绿化养护费用，物业服务公共区域安全和公共秩序维护费用，办公费用，物业服务企业固定资产折旧，物业共用部位、共用设施设备及公众责任保险费用，经业主同意的其他费用。

1. 物业服务人员的工资、社会保险和按规定提取的福利费（V_1）

物业服务人员的工资、社会保险和按规定提取的福利费计算公式如下：

$$V_1=\sum F_i/S \quad (i=1, 2, 3, 4)$$

式中 V_1——物业服务人员的工资、社会保险和按规定提取的福利费，元/（月·米^2）；

F_1——基本工资，元/月；

F_2——按规定提取的福利费，元/月；

F_3——加班费，元/月；

F_4——服装费，元/月；

S——可分摊费用的建筑面积之和，米^2。

该项费用是用于物业服务企业的人员费用，包括基本工资，按规定提取的福利费、加班费和服装费，但是不包括物业服务人员的奖金。奖金应根据企业经营管理的经济效益，从盈利中提取。各类管理、物业服务人员的基本工资标准根据企业性质、参考当地平均工资水平确定。按规定提取的福利费包括福利基金、工会经费、教育经费、社会保险和住房公积金等。

2. 物业共用部位、共用设施设备的日常运行和维护费用（V_2）

物业共用部位、共用设施设备的日常运行和维护费用计算公式如下：

$$V_2=\sum F_i/S\ (i=1,\ 2,\ 3,\ 4,\ 5)$$

式中 V_2——物业共用部位、共用设施设备日常运行和维护费用，元/（月·米^2）；

F_1——公共照明系统的电费和维修费，元/月；

F_2——给排水设施的费用，元/月；

F_3——配供电系统设备维修费、检测费，元/月；

F_4——建筑、道路维修费，元/月；

F_5——电梯费用，元/月；

S——可分摊费用的建筑面积之和，米^2。

公共照明系统电费（元/月）的计算公式如下：

$$\text{公共照明系统电费}=(W_1\times T_1+W_2\times T_2+\cdots+W_n\times T_n)\times 30\times PE$$

式中 W_1，W_2，…，W_n——某个照明电器的总功率，千瓦时；

T_1，T_2，…，T_n——某个照明电器的每日开启时间，小时；

30——每月测算的天数；

PE——电费单价，元/千瓦。

公共照明系统的维修费是一个估算的经验值，一般按照当地的工资水平、维修使用的零配件和零配件的进货价格来测算。给排水设施的费用测算时可分项为给水泵的电费、消防泵的电费、排污泵的电费和维修费。

第四章

给水泵包括生活水泵和消防蓄水池泵，其电费（元/月）计算公式如下：

$$\text{给水泵电费}=W\times 24\times I\times 30\times PE$$

式中 W——给水泵的功率，千瓦时；

I——使用系数，平均每天开启小时数/24。

消防泵包括喷淋泵和消防栓泵，排污泵包括集水井排水泵和污水处理排水泵，它们的电费计算方法与给水泵相同。

电梯费用包括维修费、年检费和电费。电梯的维修可分包给专业的电梯维修公司，也可自行维修（包括人工费、材料费）。电梯电费（元/月）计算公式如下：

$$\text{电梯电费}=n\times W\times 24\times I\times 30\times PE$$

式中 n——电梯台数；

W——电梯功率，千瓦时；

I——电梯使用系数，由于不同类型物业的电梯使用时间和频率不同，会产生差异，一般可通过统计的方法进行估算，居住类物业大致在 0.4。

费用项 F_1～F_5并非固定项目，不同物业项目的费用项不完全一致，不能机械套用。后面的各项费用也是如此。

3. 物业服务公共区域清洁卫生费用（V_3）

物业服务公共区域清洁卫生费用计算公式如下：

$$V_3=\sum F_i/S\ (i=1,\ 2,\ 3,\ 4,\ 5,\ 6)$$

式中　V_3——物业服务公共区域清洁卫生费用，元/（月・米^2）；
F_1——人工费，元/月；
F_2——清洁机械、工具、材料、服装费，按价值和使用年限折算出每月的值，元/月；
F_3——消杀费，元/月；
F_4——化粪池清理费，元/月；
F_5——垃圾清运费，元/月；
F_6——水池（箱）清洁费，元/月。

4. 物业服务公共区域绿化养护费用（V_4）

物业服务公共区域绿化养护费用的计算公式如下：

$$V_4=\sum F_i/S\ (i=1,2,3,4,5)$$

式中　V_4——物业服务公共区域绿化养护费用，元/（月・米^2）；
F_1——人工费，元/月；
F_2——绿化工具费，元/月；
F_3——化肥除草剂等材料费，元/月；
F_4——绿化用水费，元/月；
F_5——园林景观再造费，元/月。

5. 物业服务公共区域安全和公共秩序维护费用（V_5）

物业服务公共区域安全和公共秩序维护费用的计算公式如下：

$$V_5=\sum F_i/S\ (i=1,2,3,4,5)$$

式中　V_5——物业服务公共区域安全和公共秩序维护费用，元/（月・米^2）；
F_1——人工费，元/月；
F_2——服装费，元/月；
F_3——维修费，元/月；
F_4——日常保卫器材费（包括对讲机、多功能警棍、110 报警联网），元/月；
F_5——秩序维护员用房及秩序维护人员住房租金，元/月。

6. 办公费用（V_6）

办公费用的计算公式如下：

$$V_6=\sum F_i/S\ (\mathrm{i}=1,2,3,4,5,6,7)$$

式中　V_6——办公费用，元/（月・米^2）；
F_1——交通、通信费用，元/月；
F_2——文具、办公用品等低值易耗品费，元/月；
F_3——车辆使用费，元/月；
F_4——节日装饰费，元/月；

F_5——公共关系费及宣传广告费，元/月；

F_6——办公水电费，元/月；

F_7——书报费，元/月。

实际工作中，常用全年的费用预算来折算出每月办公费用，即全年费用除以12个月。

7. 物业服务企业固定资产折旧费（V_7）

该项费用指物业服务企业拥有各类固定资产按其总额每月分摊提取的折旧费用，包括交通工具、通信设备、办公设备、工程维修设备等。计算时，按实际拥有的上述各项固定资产总额除以平均折旧年限，再分摊到每月每平方米建筑面积。需要注意的是，这里的固定资产主要是直接用于该项目服务的固定资产。

8. 物业共用部位、共用设施设备及公众责任保险费用（V_8）

物业共用部位、共用设施设备及公众责任保险费用计算公式如下：

$$V_8=（投保总金额\times保险费率）/保险受惠物业的总面积$$

物业服务企业必须对住宅物业区内水、电、电梯等设施设备投财产保险、相关责任保险（如电梯责任保险）、公众责任险。保费按保险受惠物业总建筑面积分摊。

9. 经业主同意的其他费用（V_9）

经业主同意的其他费用是指业主大会同意的全体业主均能受惠的必要的服务费用。

10. 不可预见费用（V_{10}）

不可预见费用一般按上述费用总和的3%～10%计，应单独设账，严格控制其支出。

11. 利润或管理酬金（V_{11}）

物业服务协议不同，管理酬金的确定方式也不同。

（1）按租金收入确定管理酬金，具体计算公式如下：

$$管理酬金=业主租金收入\times酬金比率$$

（2）按物业价值的约定使用年限计算，当物业是业主自己使用的情况下可以采用该方法，具体计算公式如下：

$$管理酬金=（物业价值/物业约定使用年限）\times酬金比率$$

（3）按定额利润/酬金或行业利润率/酬金率确定。定额酬金或利润是指双方协商在管理企业完成合同规定的服务任务情况下，给服务者以固定数额的酬金或利润。不过，现行最通常的利润酬金确定方式是以上述1～10项的支出之和为基数，乘以行业利润率/酬金率付给管理企业利润/酬金，具体计算公式如下：

$$管理利润/酬金=服务费\times行业利润率/酬金率$$

物业服务行业利润率/酬金率一般在8%～15%，具体的比率可由双方根据物业服务的标准等因素协商确定。

12. 法定税费（V_{12}）

按现行税法，物业服务企业属服务业，上缴的税金包括须按营业额缴纳营业税（税率为5%）、城市建设维护税（按营业税的7%计征）和教育费附加（按营业税税额的3%计征），地方教育费附加（按营业税税额的2%计征）。其中教育费附加和地方教育费附加视地区略有不同。依照最新的《物业服务收费管理办法》，实行酬金制计费方式的物业服务费用不含税金。

四、物业服务费用测算说明

物业服务费用测算说明主要内容包括费用的计算范围（即哪些费用不列入计算范围之内）、费用的测算结果（把计算后确定的应收取的物业服务费列明）和管理者酬金的提取标准（说明依据哪些有关的管理法规及制度而制定的提取比例）。

案例4—1

某项目费用测算明细

1. 人工费用

人工费用见表4—2。

表4—2 人工费用

(1) 人员工资

职务	工资标准（元/月）	人数（人）	金额（元/月）
项目经理	3 000	1	3 000
水暖	1 800	1	1 800
电工	2 000	1	2 000
保洁	1 300	2	2 600
秩序维护员	1 400	3	4 200
厨师	3 500	1	3 500
面案	2 000	1	2 000
水案	1 300	1	1 300
切配	1 500	1	1 500
零活	1 300	1	1 300
合计		13	23 200

续表

(2) 保险费用（养老保险 20%、失业保险 2%、工伤 0.8%、医疗保险 8%、生育保险 0.6%） 2 495 元×11 人×22.8%=6 257.46（元/月） 3 500 元×1 人×22.8%=798.00（元/月） 3 000 元×1 人×22.8%=684（元/月） 4 060 元×13 人×8.6%=4 539.08（元/月） 残疾人保证金：758 元×13 人÷12 月=821.17（元/月） 补充工伤保险：5 元×13 人=65（元/月） 合计：13 164.71 元/月
(3) 服装费（按 2 年折旧） 管理人员：1 人×300 元/套×2 套÷2 年÷12 月=25（元/月） 服务人员：12 人×100 元/套×2 套÷2 年÷12 月=100（元/月） 合计：125.00 元/月

2. 办公费用

办公费用包括办公用品费用（300 元/月）、通信费用（100 元/月）和耗材费用（300 元/月），共计 700.00 元/月。

3. 管理费用

管理费用按人工费用和办公费用总和的 10%计算，即：

37 189.71×10%=3 718.97 元/月

4. 税金

40 908.68×5.6%=2 290.89 元/月

以上四项费用合计为：

43 199.57×12=518 394.84 元/年

思考与练习

1. 物业服务费用测算的依据有哪些？
2. 物业服务费用的内容包括哪些？
3. 简要说明物业服务费用测算的方法。
4. 物业服务费用测算有哪些原则？

第五章 早期介入与前期物业服务方案

学习目标

掌握早期介入的方式，掌握早期介入与前期物业管理之间的联系与区别，掌握早期介入及物业项目承接查验的有关内容，学会制定早期介入与前期物业服务方案。

物业服务的早期介入对日后物业服务的顺利进行起着至关重要的作用，通过早期介入，企业可以提前对物业服务项目进行全方位的了解，并为以后的承接查验开展有效的优质服务，物业服务企业的建议不仅可以给开发商的销售工作带来效益，同时也惠及广大的业主。承接查验阶段是物业工程竣工并向物业服务企业移交接管阶段，按照程序和要求，物业服务企业依据国家相关标准做好承接查验工作，为日常物业服务打下坚实的基础。

入住与装修管理是物业前期服务中重要的基础工作，也是物业服务操作过程的难点和重点之一。与早期介入等物业服务工作不同的是，物业入住与装修管理服务政策性强、涉及面广、管理难度大，物业服务企业以良好的专业素养、认真严谨的工作作风、优良的服务品质和管理水平引导业主正确认识物业管理，对树立良好物业服务形象，化解物业服务操作中的种种矛盾和问题，实现积极的物业服务开局以及顺利地完成物业服务工作均有积极的重要作用。

第1节 早期介入与承接查验方案

物业服务早期介入是实施物业服务的一个重要环节。早期介入是指新建物业竣工之前，建设单位根据项目开发建设的需要所引入的物业服务的咨询活动。物业服务的咨询活动，主要指从物业服务的角度对开发建设项目提出的合理化意见和建议，其可以由物业服务企业提供，也可以由物业服务专业人员提供。前期物业服务是指从物业承接查验开始至业主大会选聘物业服务企业为止的物业服务阶段。

一、物业服务早期介入的实施

根据房地产开发的不同阶段，物业服务早期介入实施的工作内容主要有以下几个方面。

1. 参与规划设计阶段

参与形式主要表现在全面细致地反映物业服务顺利实施的各种需要，以及在以往物业服务实践中发现的规划设计上的种种问题或缺陷，用咨询报告的形式提交设计单位，并促其纠正。物业服务企业应注意反映下列问题：

（1）配套设施的完善问题。

（2）水电供应容量的问题。

（3）安全保卫系统。

（4）垃圾的处理方式。

（5）高层建筑物外观的清洁问题。

（6）消防设施问题。

（7）物业管理所需的设备问题。

（8）对建筑材料的意见。

（9）其他问题。

2. 参与建设施工阶段

（1）工程监督

通过参与施工管理，对工程建设提出意见。主要包括：

1）监督工程质量并提出意见。

2）监督建设过程（是否按设计规划图纸施工、建筑材料规格质量是否符合设计要求）并提出意见。

3）监督物业附属设施设备配套建设并提出意见。

4）监督物业服务所需的特殊附属设施设备的建设过程并提出意见。

（2）管理处人事构建和规章制度制定

1）管理处组织架构设计。

2）物业服务人员的选聘和培训。

3）各项规章制度的制定。

3. 参与销售阶段

（1）制定合理的物业服务费用收费标准。

（2）为售楼处前台、样板间的保洁及秩序维护人员进行指导规范服务。

（3）现场为准业主解答对物业服务项目的疑问。

（4）提供销售宣传中关于物业服务项目的有关资料。

4. 早期介入计划表

在物业服务方案中以表格的形式列出早期介入的工作，有利于招投标双方明确前期跟进计划。例如某物业服务项目早期介入计划见表 5—1。

二、物业承接查验

物业的承接查验是物业服务企业承接物业项目前必不可少的环节。物业的承接查验是指物业服务企业对新接管项目的物业共用部位、共用设施设备进行承接查验。它分为新建物业的承接查验和物业服务企业更迭时的承接查验两种类型，前者发生在建设单位向物业

表 5—1　　　　　　　　　　　　　　　　早期介入计划

工作内容		05.8	05.9	05.10	05.11	05.12	06.1	06.2	06.3	06.4	06.5	06.6	06.9	备注
图纸会审	机房设置													汇审开始
	强电系统													
	水系统													
	监控系统													
	巡更系统													
	门禁系统													
	景观设置													
前期介入	工程前期介入													至工程结束
	事务前期介入													不定期
市场调查	同类型住宅项目物业服务费标准、收费模式、会所状况													6月1日至7月15日
	高层写字楼出租物业服务费收费标准、收费模式等													6月1日至7月15日
服务方案	管理处机构搭设													9月1日至12月1日
	人员编制													
	收费模式确定													
	物业服务费测算													
	前期使用费用测算													
公开性文件确定	前期物业服务合同													10月1日至12月1日
	《管理规约》													
	《物业使用手册》													
	《装修管理规定》													
	接房流程图													3月1日至6月1日
	装修流程图													
	接房交费明细表													

续表

工作内容		05.8	05.9	05.10	05.11	05.12	06.1	06.2	06.3	06.4	06.5	06.6	06.9	备注
公开性文件确定	商品房质量保证书													5月1日至7月1日
	住宅使用说明书													
人员招聘培训	人员招聘													7月1日开始至交房前
	物业知识培训													
	接房流程培训													
	收费流程培训													
	验房流程培训													
	服务意识培训													
	交房技巧培训													
物品准备	办公用品													5月1日至7月1日
	维修工具等													
	保洁用品													
	安防用品													
	员工服饰、工号、工卡													7月1日至9月1日
物业标识形象制作	物业公司及标识													6月1日至8月1日
	服务项目、企业宗旨、精神等													
其他相关资料准备	物业服务委托合同													05年12月
	接房通知													6月1日至8月1日
	A区物业问答													
	接房签收表													
	验房表													
	工程维修单													
	业主资料登记表													
	收费清册													
物业验收、接管														4月1日移交
物业办公房、秩序维护用房装修														5月

第五章

服务企业移交物业服务项目的过程中，后者发生在业主大会或产权单位向新的物业服务企业移交物业服务项目的过程中。

在条件具备或物业服务企业早期介入充分、准备充足情况下，物业的承接查验可以和竣工验收同步进行。物业服务企业对物业进行查验之后将发现的问题提交建设单位处理，然后同建设单位进行物业服务项目移交并办理移交手续。

1. 物业承接查验

物业服务企业应先制定物业承接查验计划，明确物业服务项目承接查验标准，然后派业务精湛、工作认真负责的工程技术人员参与验收工作。

根据国家住房和城乡建设部颁布的《物业承接查验办法》第十一条的规定，实施承接查验的物业，应当具备以下条件。

(1) 建设工程竣工验收合格，取得规划、消防、环保等主管部门出具的认可或者准许使用文件，并经建设行政主管部门备案；

(2) 供水、排水、供电、供气、供热、通信、公共照明、有线电视等市政公用设施设备按规划设计要求建成，供水、供电、供气、供热已安装独立计量表具；

(3) 教育、邮政、医疗卫生、文化体育、环卫、社区服务等公共服务设施已按规划设计要求建成；

(4) 道路、绿地和物业服务用房等公共配套设施按规划设计要求建成，并满足使用功能要求；

(5) 电梯、二次供水、高压供电、消防设施、压力容器、电子监控系统等共用设施设备取得使用合格证书；

(6) 物业使用、维护和管理的相关技术资料完整齐全；

(7) 法律、法规规定的其他条件。

2. 承接查验依据

承接查验过程中要严把质量关，指出工程漏洞并提出改良方案的可能性及费用，尽快落实并跟进。验收时要将物业服务项目的质量状况如实记录，记录后由移交人认可签字。

根据国家住房和城乡建设部颁布的《物业承接查验办法》第十二条的规定，实施物业承接查验，主要依据下列文件。

(1) 物业买卖合同；

(2) 临时管理规约；

(3) 前期物业服务合同；

(4) 物业规划设计方案；

(5) 建设单位移交的图纸资料；

(6) 建设工程质量法规、政策、标准和规范。

3. 资料的移交承接

根据国家住房和城乡建设部颁布的《物业承接查验办法》第十四条的规定，现场查验

20日前，建设单位应当向物业服务企业移交下列资料。

（1）竣工总平面图，单体建筑、结构、设备竣工图，配套设施、地下管网工程竣工图等竣工验收资料；

（2）共用设施设备清单及其安装、使用和维护保养等技术资料；

（3）供水、供电、供气、供热、通信、有线电视等准许使用文件；

（4）物业质量保修文件和物业使用说明文件；

（5）承接查验所必需的其他资料。

未能全部移交前款所列资料的，建设单位应当列出未移交资料的详细清单并书面承诺补交的具体时限。

4. 设施设备试运行

设施设备在验收合格后，工程技术人员需对设施设备进行试运行，以确保业主入住后设备能够正常运行。

三、承接查验服务方案内容

承接查验服务方案的内容主要包括承接查验部门成立、各类人员准备、承接查验内容、承接查验流程、承接查验、承接查验标准等。

1. 承接查验部门成立

承接查验部门一般设组长1名，由物业服务企业总经理担任，副组长1名，为该管理处主任，组员由工程维修部主管、秩序维护部主管、客户服务部主任、物业管理员、水电工等工程技术人员组成。

2. 各类人员准备

物业服务企业成立承接查验领导小组后，按业主自用部位和公共部位、设施设备分别组织验收。对业主自用部位的验收按项目的规模设置验收组，每组配备3～4人：验收土建1人，验收给排水1人，验收电气1人，另外1人负责验收所有的钥匙。对业主自用部位验收完后，再组织对公共部位、设施设备的验收。根据不同的验收对象，验收人员由公司内相关专家及维修工构成，按系统进行验收。

3. 承接查验内容

承接查验内容包括房屋本体自用部位及设施的验收，对房屋本体共用部位及设施的验收，对建筑物公用设施、设备、公共场所（地）的验收三部分。

4. 承接查验流程

（1）管理处在接到物业服务企业的物业服务项目承接通知后，成立承接查验小组对物业进行承接查验检查。

（2）承接查验小组按图纸资料移交清单对产权、技术资料进行对照检查，发现产权、技术资料有缺漏的，应以书面形式上报公司，请求物业服务企业给予协助解决。

（3）承接查验小组按《设备移交清单》对辖区各类设备按规格、性能、容量等进行对照检查，发现承接查验设备（设施）与移交清单不符或有缺陷的，应以书面形式上报公司，请求物业服务企业给予协助解决。

（4）承接查验小组对每套单元的水、电、土建部分进行全面检查，并将检查结果记录在房屋承接查验检查记录表中，对发现的问题应监督有关部门单位迅速解决。

（5）管理处主任代表承接查验小组与物业服务企业办理接管手续。

（6）在保修期内施工、设备因素产生的质量问题，管理处应初步查清原因，上报公司，由公司督促工程监理部门限期解决。上报工程监理部门15日未见有施工单位维修，则管理处可根据公司相关文件进行处理。

5. 遗留问题处理承接查验程序

物业服务企业正式承接查验时发现的公共部分及房屋主体问题，由工程主管汇总记录在工程遗留问题处理记录表中，报地产相关部门落实处理措施。对工程遗留问题，由工程主管整体汇总到工程遗留问题月度处理进度统计表中，并跟踪问题的解决进度。

（1）遗留问题的登记确认

对资料验收中发现的资料不全、不真实、不合格等问题，接管验收小组应当将问题逐项记录在承接查验资料遗留问题登记表中，并交发展商相关人员签字确认。

（2）对物业硬件设施接管验收中发现的不合格等问题，承接查验小组应当将问题逐项记录在承接查验设施设备问题登记表中，并请发展商相关人员签字确认。

（3）对资料遗留的问题，承接查验小组应当积极同发展商联系补齐，必要时公司总经理应当协助进行。

（4）对物业硬件设施、设备遗留问题，一般问题承接查验小组应当要求发展商在两周内解决，重大问题承接查验小组应当要求发展商在一个月内解决。必要时公司总经理应当协助进行。

（5）对于长期解决不了、势必会影响物业服务的问题，物业部应当以备忘录的形式将问题登记后交给发展商进行备录。

6. 承接查验标准

承接查验依据主要是住房和城乡建设部颁布的《物业承接查验办法》，并根据物业服务项目的实际情况增减内容。

物业服务企业根据物业服务项目的具体情况制定相关的作业规程和标准，规范物业服务企业的验收程序，确保承接查验工作得到有效控制，以便对物业服务项目进行全面接管，保证入住工作顺利进行。

具体承接查验内容包括资料的承接查验和物业硬件设施承接查验。资料包括物业产权资料、综合竣工验收资料、施工设计资料、机电设备资料和业主资料，物业硬件设施包括楼宇本体硬件设施、公共配套设施和机电设备。

案例 5—1

某物业项目承接查验方案（节选）

一、成立物业接管小组

成立物业接管小组，设组长和副组长各一名，下设文件资料接管小组、现场验收接管小组和财务接管小组三个分组。

1. 文件资料接管小组

责任人：管理处经理和客户服务组主管。

职责：负责接管物业服务项目的产权、工程、设备资料的验收移交工作；业主资料的验收移交以及协助楼宇的验收移交工作。

2. 现场验收接管小组

责任部门：工程部、秩序维护部和客服部。

责任人：工程部主管、秩序维护部主管和客服部主管。

职责：负责房屋本体、公共设施和机电设备的验收移交以及钥匙接管工作。

3. 财务接管小组

责任部门：财务部。

责任人：财务部主管。

职责：财务资料的交接。

二、接管验收前的准备

1. 与开发商联系好交接事项、交接日期、进度、验收标准等。责任人：刘华。

2. 派出先头技术人员前往物业现场摸底，制定好接管验收计划。责任人：张聪。

3. 提前参与发展商申请的竣工验收和机电设备最终安装、调试工作。责任人：杜实。

三、承接查验内容

1. 资料的接管验收

(1) 物业产权资料

物业服务项目产权资料包括项目开发批准报告、规划许可证、投资许可证、土地使用合同、建筑开工许可证和用地红线图。

(2) 综合竣工验收资料

竣工总平面图，单体建筑、结构、设备竣工图，配套设施、地下管网工程竣工图等竣工验收资料；共用设施设备清单及其安装、使用和维护保养等技术资料；供水、供电、供气、供热、通信、有线电视等准许使用文件；物业质量保修文件和物业使用说明文件；承接查验所必需的其他资料。

(3) 业主资料

业主资料包括已购房的业户姓名、位置、面积、联系电话等，以及已购房业户的付款情况或付款方式、其他相关资料。

2. 房屋主体接管验收

房屋主体接管验收的依据是住房和城乡建设部颁布的《物业承接查验办法》，验收方法为观感验收法和使用验收法。

3. 财务资料的交接

（略）

四、工程承接查验流程

1. 资料的承接查验（附表略）

按产权和技术资料交接单进行交接，确认签字。

2. 共用部位的承接查验（附表略）

包括对建筑物的基础、承重墙体、柱、梁、楼板、屋顶以及外墙、门厅、楼梯间、走廊、楼道、扶手、护栏、电梯井道、架空层及设备间等进行承接查验，确认签字，接管钥匙。把不合格项目记录到承接查验设施设备问题登记表中。

3. 共用设备的承接查验（附表略）

包括对电梯、水泵、水箱、避雷设施、消防设备、楼道灯、电视天线、发电机、变配电设备、给排水管线、电线、供暖及空调设备等进行承接查验，确认签字。把不合格项目记录到承接查验设施设备问题登记表中。

4. 公用设施的承接查验（附表略）

包括对道路、绿地、人造景观、围墙、大门、信报箱、宣传栏、路灯、排水沟、渠、池、污水井、化粪池、垃圾容器、污水处理设施、机动车（非机动车）停车设施、休闲娱乐设施、消防设施、安防监控设施、人防设施、垃圾转运设施以及物业服务用房等进行承接查验，确认签字。把不合格项目记录到承接查验设施设备问题登记表中。

5. 对接管验收遗留问题进行登记（附表略）

对所有不合格项目分类整理、登记、存档。

6. 把接管验收遗留问题提交给开发商，在规定时间内进行整改（附表略）

将所有不合格项目分类整理出的资料提交给开发商，整改后再进行接管验收，确认签字。

五、接管验收遗留问题的处理

1. 对资料验收中发现的资料不全、不真实、不合格等问题，承接查验小组应当将问题逐项记录在承接查验资料遗留问题登记表中并交开发商相关人员签字确认。

2. 对物业服务项目硬件设施承接查验中发现的数量和质量不符合约定或规定等问题，承接查验小组应当将问题逐项记录在承接查验设施设备问题登记表中，书面通知建设单位，建设单位应当及时解决并组织物业服务企业复验。

3. 对物业服务项目硬件设施、设备遗留问题，一般问题要求发展商在两周内解决；重大问题要求发展商在一个月内解决。

4. 物业服务企业与建设单位共同确认现场查验的结果，并签订物业承接查验协议。协议应当对物业承接查验基本情况、存在问题、解决方法及其时限、双方权利义务、违约责任等事项作出明确约定。物业承接查验协议作为前期物业服务合同的补充协议，与前期物业服务合同具有同等法律效力。

5. 物业承接查验协议签订后10日内办理物业交接手续，物业服务企业接收物业服务用房以及其他物业共用部位、共用设施设备。

6. 交接工作应当形成书面记录。交接记录应当包括移交资料明细，物业共用部位、共用设施设备明细，交接时间，交接方式等内容。交接记录应当由建设单位和物业服务企业共同签章确认。

第2节 入住服务方案

一、入住服务的含义

入住是指建设单位将已具备使用条件的物业服务项目交付给业主并办理相关手续，同时物业服务企业为业主办理物业服务事务手续的过程。对业主而言，入住的内容包括两个方面：一是物业验收及其相关手续的办理；二是物业服务有关业务的办理。

入住过程涉及建设单位、物业服务企业以及业主，入住的完成意味着业主正式接收物业服务企业，物业服务项目由开发建设转入使用，物业服务活动全面展开。

二、入住服务实施管理内容

1. 入住前的资料准备

业主入住服务是物业服务企业首次直接面对业主提供相关服务，直接关系到业主对物业服务的第一印象。因此，物业服务企业要从各方面做好充分细致的准备工作，全面有效地保障业主的入住。

（1）入住通知书

入住通知书是建设单位向业主发出的办理入住手续的书面通知。一般而言，主要内容包括物业服务项目具体位置、物业竣工验收合格以及物业服务企业接管验收合格的情况介绍、准予入住的说明、入住具体时间和办理入住手续的地点、委托他人办理入住手续的规定、业主入住时需要准备的相关文件和资料，以及其他需要说明的事项。

(2) 入住费用收取明细

建设单位向业主发出办理入住手续通知书的同时，应向业主说明缴纳费用的明细，主要包括按照国家及当地政府相关规定需要缴纳的维修基金、物业服务费、预交水电费、有线电视费、车位使用费、垃圾清运费、电梯费等。

(3) 临时管理规约

《临时管理规约》是规定业主在物业服务区域内涉及业主共同利益的权利与义务的自律规范。由于《临时管理规约》是在出售物业之前由建设单位预先制定的，不同于由全体业主通过规定程序制定的业主公约，因此它不一定能体现全体业主的意志，具有过渡性质。

(4)《业主手册》

《业主手册》是由物业服务企业编撰，向业主、物业使用人介绍物业服务项目基本情况和物业服务相关项目内容的服务指南性质的文件。

(5) 入住手续办理说明

入住手续办理说明是为了确保准确、规范地办理业主入住手续，由物业服务企业下发的流程图或对应表格。

(6) 装修管理协议

装修管理协议是物业服务企业为了加强业主房屋装饰装修工程的管理，与业主签订的协议，用于规范双方的权利和义务。

(7) 住宅使用说明书

住宅使用说明书是物业服务企业根据原建设部关于《商品住宅实行住宅质量保证书和住宅使用说明书制度的规定》及地方相关法规的规定针对住宅的装修和使用说明。

(8) 住宅质量保证书

住宅质量保证书是房地产开发公司对住宅质量的保证，同时是对保修责任和各部位的保修期的认定。

(9) 业主自然情况登记表

业主自然情况登记表是物业服务企业为了了解业主及其家庭的自然状况在入住手续办理时须填写的表格。

(10) 物业验收须知

物业验收须知是建设单位告知业主在物业服务项目验收时应掌握的基本知识和应注意事项的提示性文件，主要内容包括物业服务项目建设基本情况、设施设备的使用说明、物业服务项目不同部位保修规定、物业服务项目验收应注意事项以及其他需要提示说明的事项等。

(11) 房屋验收单

业主入住房屋验收表是记录业主对房屋验收情况的文本，通常以记录表格的形式出现。使用业主入住房屋验收表可以清晰地记录业主用户的验收情况。一般而言，主要内容包括物业服务项目名称和楼号、业主、验收人、建设单位代表姓名、验收情况简要描述、物业服务项目分项验收情况记录以及水电煤气等的起始读数、建设单位和业主的签字确认、物业服务项目验收存在的问题、有关维修处理的约定、验收时间以及其他需要约定或注明的事项。

（12）装修申请表

装修申请表是业主在装修前提供有关资料填写的申请表格，便于物业服务企业开展必要的管理服务。

（13）装饰装修管理指南、物业服务流程等

为了便于业主进行装修及接受日常的物业服务，入住时为业主发放各种服务流程。

2. 其他准备

建设单位和物业服务企业应在入住前一个月制订入住工作计划，由物业服务项目负责人审查批准，并报上级主管部门核准。计划中应明确入住时间和地点、负责入住工作的人员及职责分工、入住过程中使用的文件和表格、入住手续办理和程序以及注意事项和其他情况。

三、入住服务方案编制过程

入住服务工作是物业服务企业第一次正式面向业主提供服务的重要工作，也是考验物业服务企业综合服务能力的重要指标之一。入住工作的成败主要取决于方案编制的水平高低。随着物业服务工作标准化服务的趋势，物业服务企业希望通过标准化的服务流程规范物业服务行为，减少服务工作的失误率，降低服务成本和业主投诉。

1. 入住服务方案编制的数据采集

编写入住方案之前，要进行相关数据的收集，通过收集相关数据和信息并分析整理，才能根据不同的项目“量身定做”适合的入住服务方案。数据采集工作主要包括以下内容。

（1）收集房地产开发公司相关数据

1）了解交房情况。这里主要涉及的数据和信息包括交房时间与交房面积。因交房数据是由房地产开发公司直接掌握的，编写前切忌采集双方签署《前期物业服务合同》的数据，因房地产开发公司可能会由于建筑工期等不可预测因素而改变交房时间，也会因销售情况的变化造成交房面积发生变化。在编写入住服务方案前一定要与房地产开发公司相关部门进行沟通，了解最新的交房数据。

2）收集房地产开发公司相关部门及施工单位的分布情况。交房工作是需要很多部门涉及的工作，依靠物业服务企业是无法单独完成的，涉及的部门主要包括房地产开发公司的销售部门及工程管理部门、市政配套服务部门（如供电供水供气等部门）、各工地施工单位部门。

3）了解施工收尾工程进度。因入住方案编制过程中涉及工程进度与物业服务企业接管工作的衔接，且往往留给物业服务企业接管验收的时间比较短暂，因此根据收尾工程的不同，入住服务方案中应做好整体时间的安排。

4）了解施工质量和交房户型布局。工程施工质量的好坏直接影响接管验收工作的进度，也影响业主收楼的效果，物业服务企业在交房前将接管验收工作中发现的问题及时提交施工单位进行整改是保证交房工作顺利进行的重要环节。户型分布的掌握有利于提供及时有效的业主二次装修管理，物业服务人员在交房前应了解户型及房屋结构，以便指导业主二次装修工作。

5）收集购房业主的信息。

（2）收集当地房地产行政主管部门相关数据

了解最新的国家及地方房地产法规和当地的收费项目。

（3）收集当地同行相关数据

了解当地业主的消费心理，收集当地的人力资源情况及工资情况，了解水、电、暖气、天然气、垃圾处理、弱电等生活配套情况。

2. 入住服务方案的编制

（1）编制物业服务项目概况

根据以上了解和收集的数据，整理出物业服务项目概况及交房概况，对物业服务项目交房进行总体评估，以便物业服务人员对交房工作有一个整体的认识。主要包括项目基本情况、交房情况和需重点解决的问题。

（2）编制入住所需要的外部条件具备情况

根据相关法规规定，针对以下工作编写交房外部条件具备情况。

1）已通过竣工验收与接管验收的情况说明。

2）工程遗留问题得到解决的情况说明。

3）工程资料移交情况说明。

4）业主档案资料移交情况说明。

5）小区实现基本使用功能、满足日常生活所需情况说明。

6）配套设施完善情况说明。

7）物业服务公司依法经营手续准备情况说明。

（3）编制组织机构设计与人员配置说明

提前成立专门的入住领导小组，设专项工作人员。

（4）与房地产开发公司衔接编制入住服务流程

1）制定入住流程图。

2）编写入住通知书、入住费用收取明细、临时管理规约、业主入住登记表、楼宇验收记录表、前期物业服务协议、交房流程表、业主入住资料、物品领用清单和业主自然情况登记表等。

3）编写交房各责任部门的业务联系人及联络电话表。

（5）编制员工招聘与培训计划

1）员工招聘计划。要具体列明招聘的时间、人数、任职条件及到岗时间，并注明招聘费用。

2）员工培训计划。入住之前员工培训的主要内容包括物业管理理论知识培训，物业管理法规知识培训，物业管理实操培训（各岗位工作要求须掌握的技能知识，包括各部门的作业指导书），职业道德培训，入住、业主二次装修工作演练。

（6）编制前期开办费支出费用预算

根据《入住服务方案》及现场实际情况由项目经理进行市场调研后具体编制，应注明分批采购及完成的时间，报公司审批后执行。主要包括办公用品支出、安全管理用品支出、维修用品支出、清洁用品支出、管理标识用品支出、后勤物资支出等。

（7）编制收费计划与收费清单说明

根据市场调查后的数据按以下内容具体编制。

1）物业服务费。一般预收半年或三个月。

2）预收水电费。主要考虑到业主装修期间交费不方便，根据当地惯例可按业主三个月的用量，按房屋面积估算收取。部分城市政府规定不得收取此项收费的应取消。

3）装修垃圾清运费。可根据当地惯例参照收取。部分城市政府规定不得收取此项收费的应取消。

4）车位租赁费。根据当地物价局指导价向车主收取。

5）代收代交服务费。与相关部门沟通后，协助收取。

6）其他经营收入。一般在装修期间可利用物业公用场地进行多种经营，引进商家为业主提供装修材料销售服务。

（8）编制交房前工作安排说明

根据现场熟悉情况，结合房地产开发公司施工收尾工作安排，具体编制交房前物业服务工作的具体安排，主要包括办公室及后勤事务完成时间表、员工系统完成时间表、印刷或购置各类入住表格及物品、环境布置工作完成时间安排表和其他工作完成时间表。

（9）入住服务方案的审批

1）入住服务方案编制完毕后，由项目经理召开专项会议，各部门业务主管进行修订完善，经项目经理审核同意后报总公司审批。

2）总公司收到报送的入住服务方案后，应组织各业务部门召开专题会议，讨论入住服务方案的可行性，必要时派专人到现场进行数据调查与核实，最终审批并下达该入住服务方案。

（10）编写注意事项

1）方案的编写要注意时效性、地域性，很多事情由于业务授权的问题，往往需要总公司审批后方能操作，因此方案的编制应当在业主入住工作开始前两个月进行。

2）市场调研尤其重要，不同地域有不同的政策法规限制及消费习惯，只有做好市场调研，全盘综合考虑，才能保证入住方案的可操作性。

3. 各部门的职责分工与人员配置

（1）协调组负责组织安排入住工作，由项目经理直接负责，公司总部管理中心技术支持。

(2) 接待组负责业主的接待登记及收取证件并转交给签约组。

(3) 收费组负责核收各项入住费用，由财务部直接负责，公共事务部协助。

(4) 签约组负责指导业主填写入住表格（业主档案卡），与业主签订前期物业服务协议、临时管理规约等，并发放钥匙及相关资料做好登记工作，公共事务部负责。

(5) 验房组负责陪同业主验房，做好水电气抄表、验房签字及跟踪房屋整改工作，机电维修部负责，公共事务部协助。

(6) 环境组负责交房现场及小区环境的清洁保洁与绿化美化工作，环境服务部负责。

(7) 秩序维护组负责交房现场及小区安全与交通疏导工作，护管部负责。

(8) 维修组负责保证小区供电供水正常，处理紧急维修事件，机电维修部负责。

(9) 后勤组负责媒体接待、员工工作餐及现场拍照工作。

案例5—2

某住宅小区入住服务方案（节选）

一、入住办理地点（略）

二、入住办理时间（略）

三、入住办理环境布置（略）

四、人员配备

入住领导小组在6月底成立，人员配备见表5—2。

表5—2 入住领导小组人员配备

职能/部门		人数	责任人	配合部门	备注
地产公司16人	入住办理现场总协调	1名			协调入住办理流程中各部门配合事宜
	客户服务中心	2名			客户答疑及协调
	营销部	4名			合同审核、按揭事务
	地产财务部	4名			其中2人负责开票，2人收款
	工程部	至少2名			土建工程师1名、水电工程师1名
	施工单位	2名	2名项目经理		接整改单
	设计部	1名			设计师
物业公司57人	财务部	3名	物业		开票、收款
	业主接待	2名	地产、物业各1人		入住流程第一位置
	资料审核发放	4名	物业		核对资料、发放物业文件

续表

职能/部门		人数	责任人	配合部门	备注
物业公司57人	物业验房	30名	物业		验房人员和小工各15名，两人一组备好验房工具（水桶、水管、带灯头及插头电线）
	钥匙领取	2名	物业		
	维修汇总	2名	物业		
	紧急情况处理	2名	物业、地产各1人		突发事件及媒体接待
	现场秩序维护员	3名	物业		
	现场清洁	2名	物业		
	装修管理	2名	物业		管理部准备办理装修手续
	管理部留守协调	1名	物业		
	小区内秩序维护、清洁协调	1名	物业		
	小区维修	3名	物业		确保供电、供水正常

五、入住办理资料准备

包括前期物业服务协议、临时管理规约、住户情况登记表、入住文表签收单、业主装修申请表、入住收费标准、钥匙领取登记表、屋业主验收须知、住宅使用说明书等。

六、入住办理流程图

入住办理流程图如图5—1所示。

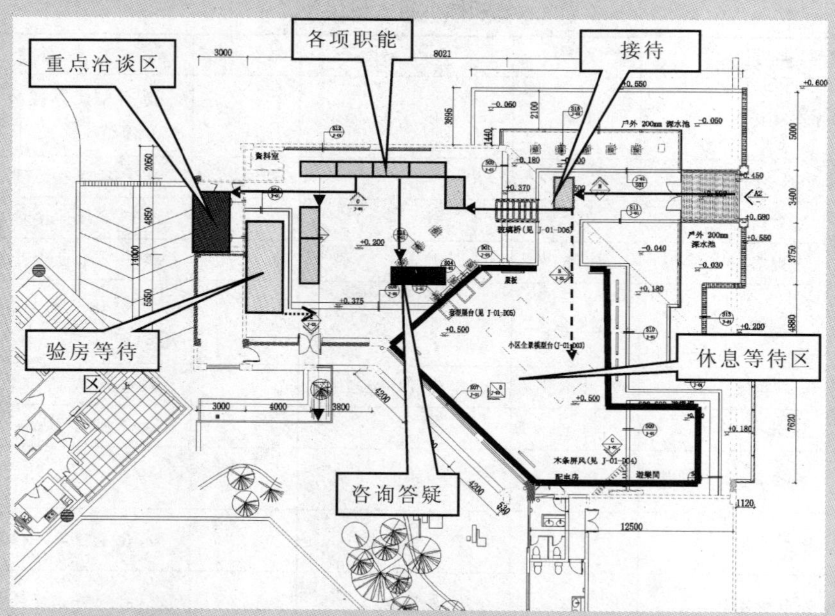

图5—1 入住办理流程图

七、入住办理流程

1. 机构及人员设置

在入住办理现场设置接待处、资料审核处、收银处、钥匙发放处及验房处，并配有专业人员进行接待、指导。同时，地产公司的工程部、施工队、监理公司将派专业工程人员前来协助工作，解决业主提出的有关房屋质量方面的问题。

2. 业主需携带资料

(1) 业主本人办理所需资料

业主本人办理入住手续时，需携带以下资料：入住通知书、购房合同、交款收据、业主身份证、现金/支票（用于缴付房款及物业管理费等相关费用）。

(2) 委托他人办理所需资料

业主委托他人办理入住手续时，被委托人需携带以下资料：入住通知书、购房合同、交款收据、现金/支票（用于缴付房款及物业管理费等相关费用）、业主委托书、业主和委托人身份证原件及复印件。

3. 具体流程

物业服务企业入住操作流程为：接待—按揭—房款核算—资料核验—入住资料发放及填写—缴纳相关费用—房屋验收—领取进户门钥匙（房屋整改）—完成入住手续，具体如图 5—2 所示。

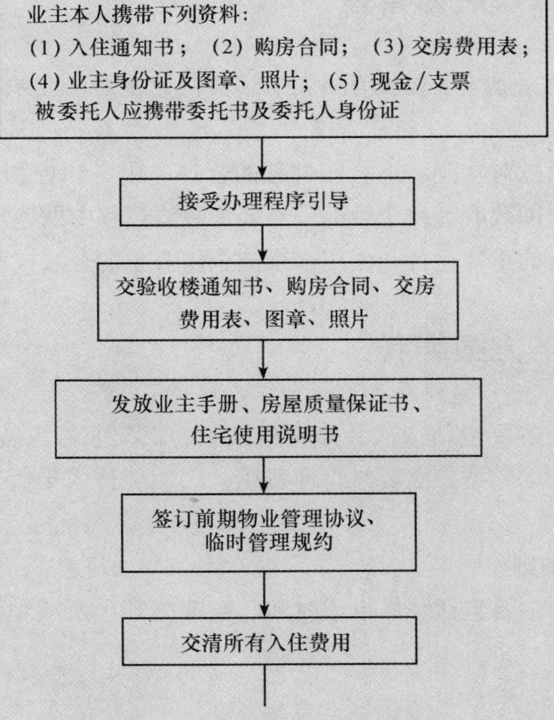

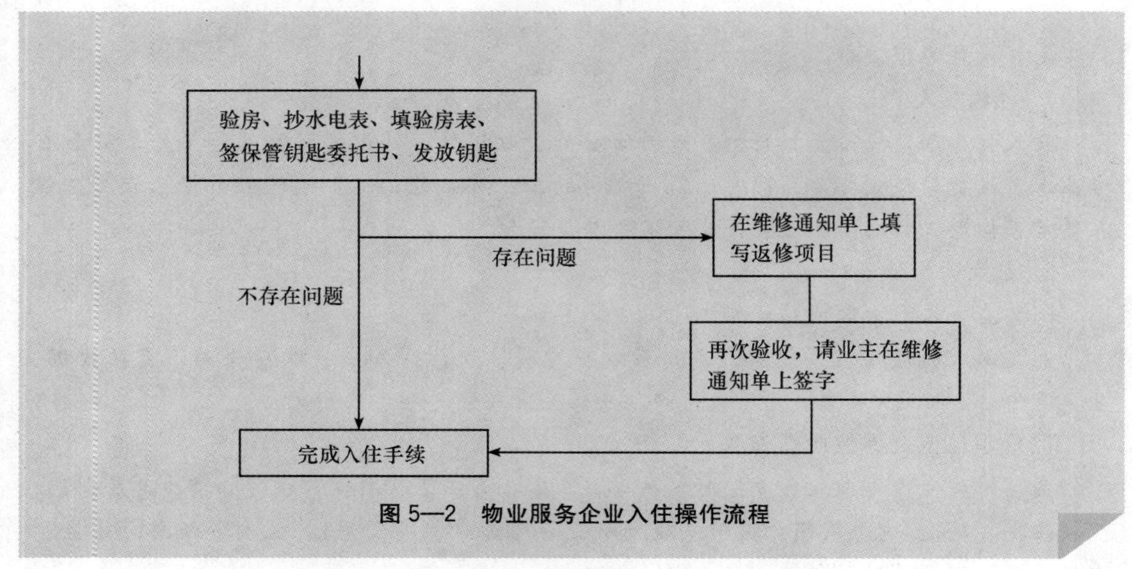

图 5—2 物业服务企业入住操作流程

第 3 节 二次装修服务方案

一、二次装修与二次装修管理

二次装修是开发商完成竣工验收等相关手续交付业主后，业主根据自身需要对房屋再次进行装饰装修。

二次装修管理是通过对物业装饰装修过程的管理、服务和控制，规范业主、物业使用人的装饰装修行为，协助政府行政主管部门对装饰装修过程中的违规行为进行处理和纠正，从而确保物业服务项目的正常运行和使用，维护全体业主的合法权益。

二、二次装修服务方案编制

二次装修服务方案主要包括二次装修实施细则、二次装修流程、二次装修申请表单、二次装修图纸查验审批、缴纳二次装修管理费用、二次装修人员管理、二次装修管理手册等。

1. 二次装修实施细则

二次装修实施细则主要包括装修申请时间、申请办理场所或地点、办理装修申请的经手人及审批人。

2. 二次装修流程

以某物业服务项目为例，二次装修流程见表 5—3。

表 5—3　**二次装修流程**

<table>
<tr><td colspan="2">第一阶段：施工单位提交二次装修材料，签署相关协议</td></tr>
<tr><td colspan="2">办理事项</td></tr>
<tr><td rowspan="7">客服部</td><td>（1）组织工程部、秩序维护部与业主及装修公司进行二次装修碰头会，并对业主/租户及装修公司发放装修申请表、装修单位责任书、室内装修协议书、施工消防安全协议书、施工现场消防安全管理规定、成品保护完成申请确认单、隐蔽工程检查申请、易燃易爆物品进场申请表、泄水申请表、二次装修工程竣工验收申请、二次装修流程</td></tr>
<tr><td>（2）装修公司填写装修申请表</td></tr>
<tr><td>（3）装修公司签署装修单位责任书、室内装修协议书、施工消防安全协议书（附《施工现场消防安全管理规定》）</td></tr>
<tr><td>（4）收取装修公司提交的营业执照、资质证明、装修委托书、装修承诺书、装修设计图（2 套）</td></tr>
<tr><td>（5）将装修公司所提交的 2 套装修设计图转交工程部及秩序维护部</td></tr>
<tr><td>（6）将装修公司所提供及签署的相关材料进行整合并在业主档案中设立二次装修档案</td></tr>
<tr><td>（7）接工程部通知，告知客户及施工方到工程部取审图意见</td></tr>
<tr><td rowspan="3">工程部</td><td>（1）对客服部所转交的装修设计图进行图纸审核工作并出具审图意见</td></tr>
<tr><td>（2）告知客服部通知客户及施工方到工程部取审图意见，并将审图意见转交客户及施工方</td></tr>
<tr><td>（3）如有需要，进行装修图纸二次审核工作，直至达到工程部要求为止</td></tr>
<tr><td colspan="2">第二阶段：收取二次装修费用、办理消防备案工作</td></tr>
<tr><td colspan="2">办理事项</td></tr>
<tr><td>财务部</td><td>装修公司凭客服部提供的二次装修费用收缴通知单到财务部缴纳二次装修相关费用</td></tr>
<tr><td>秩序维护部</td><td>收取装修公司提交的消防建审意见和消防局的开工证，出具消防备案表</td></tr>
<tr><td colspan="2">第三阶段：检查二次装修现场准备工作、签发二次装修施工许可证</td></tr>
<tr><td colspan="2">办理事项</td></tr>
<tr><td rowspan="5">工程部</td><td>（1）收取客服部所转交的最终版设计图</td></tr>
<tr><td>（2）带领二次装修施工人员前往施工现场外进行公共区域成品确认工作，并填写成品确认表</td></tr>
<tr><td>（3）前往现场进行成品保护验收工作，并在成品保护完成申请确认单上填写验收意见</td></tr>
<tr><td>（4）确认成品保护合格后，填写开工证用章申请审批单</td></tr>
<tr><td>（5）由各部门经理及项目总经理签字确认后，开具施工许可证</td></tr>
<tr><td rowspan="3">秩序维护部</td><td>（1）检查施工现场是否按规定配备灭火器</td></tr>
<tr><td>（2）收取客服部所转交的最终版设计图</td></tr>
<tr><td>（3）办理施工人员临时出入证</td></tr>
<tr><td rowspan="2">客服部</td><td>（1）收取装修公司所提交的 2 套最终版设计图，分别转交给秩序维护部及工程部留存（如无改动，即为第一次所提交图纸）</td></tr>
<tr><td>（2）收取秩序维护部所开具的消防备案表并存档</td></tr>
<tr><td colspan="2">第四阶段：装修中各项工作及隐蔽工程验收</td></tr>
<tr><td colspan="2">办理事项</td></tr>
<tr><td>客服部</td><td>对装修现场进行日常管理巡视，每日至少 2 次，如发现违规现象则开具违章通知单</td></tr>
</table>

第五章

续表

第四阶段：装修中各项工作及隐蔽工程验收	
	办理事项
工程部	（1）工程部收取施工方所提交的隐蔽工程检查申请，并要求施工方在3天之后进行隐蔽工程验收工作，对施工方所申请区域进行隐蔽工程验收
	（2）工程部对工程延期的申请办理工作
	（3）工程部对日间施工的申请与办理
	（4）施工方将泄水申请表提交给工程部。如进行消防泄水，则将泄水申请表复印件交与秩序维护部
秩序维护部	（1）秩序维护部填写施工人员登记表，并给施工方办理施工人员出入证
	（2）如有需要，装修公司在秩序维护部办理易燃易爆物品进场申请表及施工动火许可证
	（3）对装修现场进行日常管理巡视，如发现违规现象则开具违章通知单、处理违章记录
第五阶段：竣工及验收	
	办理事项
工程部	（1）发放收取二次装修工程竣工验收申请，确定竣工验收的具体时间并通知客服部及秩序维护部
	（2）收取并留存客服部所转交的竣工图
	（3）工程部出具装修施工验收表
	（4）带领客服部及秩序维护部按照装修施工验收表进行竣工验收工作，并对公共区域成品进行确认工作
客服部	（1）收取装修公司两份竣工图，并分别转交至工程部及秩序维护部进行留存
	（2）接工程部通知，将竣工验收时间通知业主并按时进行竣工验收
	（3）与工程及秩序维护人员按照成品确认单进行公共区域成品确认工作
秩序维护部	（1）收取并留存客服部所转交的竣工图
	（2）接工程部通知，并按时进行竣工验收
	（3）对公共区域成品进行确认工作
	（4）收取施工方所提供的消防验收合格意见书
第六阶段：结算费用	
	办理事项
客服部	装修公司填写装修结算申请表（需各部门经理签字后方可退款）
财务部	（1）装修押金的退还
	（2）施工违约金
	（3）其他费用

3. 二次装修申请表单

填写装修申请表、装修单位责任书、室内装修协议书、施工消防安全协议书、成品保护完成申请确认单、易燃易爆物品进场申请表、隐蔽工程检查申请、泄水申请表、二次装修工程竣工验收申请和二次装修流程，签领装修管理手册。

4. 二次装修图纸查验审批

（1）业主应提供装修施工方案，包括施工平面和系统图以及装修施工说明（必须有强、弱电配线，给排水，空调，地面，吊顶，防水等详细施工方案说明、技术承诺）。如有改变消防设备、喷淋头及烟感位置等情况，必须向消防部门报批。

（2）委托装修施工的业主应出示装修施工委托合同、施工单位营业执照副本（原件）、营业执照复印件（加盖公章）、建筑业企业资质证书、法人代表授权书和身份证复印件。

（3）租户装修需要出示业主委托或同意装修的证明文件。

（4）物业服务中心工程部于一周内完成方案审核和装修施工单位资质确认，并通知业主。

5. 缴纳二次装修管理费用

签署装修施工管理协议和装修施工消防安全责任书后，缴纳装修管理费、装修垃圾清运费。费用标准以当地物价部门审批为准。

6. 二次装修人员管理

（1）进场管理

1）业主、施工单位与物业服务中心进行装修施工开工前房屋验收，三方填写装修施工前检查表并确认。

2）施工单位提供施工人员身份证（包括复印件 2 份），到秩序维护部办理施工人员出入证，秩序维护部进行装修施工人员登记。

3）物业服务中心客服部为施工单位开具装修施工许可证。

4）物业服务中心客服部在装修施工区域外显著位置张贴装修施工许可证。

5）物业服务中心工程部为施工单位接通施工电源、水源，双方确认水电计量表显示数后即可开工。

（2）施工管理

1）工程部管理工作内容

①检查是否按审核批准装修图施工，隐蔽工程施工是否符合要求（含结构、强弱配电、消防设施、上下水管路改造等）。

②检查是否有私自改动、破坏结构、破坏外观整体效果的施工。

③检查空调安装位置的选择是否符合规定，室外机是否安装在统一规定位置。

④检查防水施工是否符合装修管理协议要求。

⑤检查是否有违章乱接线、超负荷用电和存在漏电隐患。

⑥检查是否有违章使用楼内设备、破坏公共设施的情况。

2）秩序维护部管理工作内容

①了解所有装修业户与装修公司的各类资料，配合客服中心办理业户装修手续，负责解释和说明装修施工消防安全责任书内容，对大楼 24 小时监控，监督审核进场装修人员的证件和装修工作时间。

②对装修违规现象与业户和装修单位进行沟通、劝说、阻止及采取相应手段，及时通报客服中心，无法规劝的，及时汇报物业服务中心。

③引导和指挥装修材料和垃圾清运的运输管理，夜间装修时负责监控公共区域保洁，外立面和阳台的管理工作。

④装修日常巡查时间是每日至少 2 次，主要巡查内容包括：消防器材的配置，消防安全隐患和易燃品的防护，装修影响业户休息的情况，是否动用明火，公共楼道和门厅的消防设施，装修人员留宿与防偷盗，外立面、阳台和屋顶的变更、违章、占用，以及装修施工管理办议和装修施工消防安全责任书约定内容。

⑤装修日常巡查记录，每次巡查必须记录在装修巡查表内，记录内容有时间、巡查发现情况、违规情况、反馈记录。

3）客服部工作内容

①为业户办理装修手续，登记所有装修业户与装修公司的各类资料，分类进行存档，向装修业户与装修公司分发各类资料，并告知装修须知。

②督促工程部门装修管理人员审核装修图纸工作，确定不涉及承重结构和影响公共部位与公共设施设备；在装修巡查时，对于违规操作进行劝导与阻止。

③按各部门通报装修违规现象，做好证据的收集（影像资料），及时通报物业服务中心，并记录归档；对违规装修业户要进行沟通、劝说、阻止，无法规劝的告知将通过政府部门进行处理。

④对各部门装修日常巡查记录汇总、归档，每次巡查发现的各类违规情况应及时通知反馈给业户，其中包括装修单位对业户不利的违规，每次反馈给业户的信息应有记录，必要时让业户签字确认。

（3）退场管理

1）提交全部竣工图纸。

2）提交装修企业与业户签署的室内装饰装修质量保修书。

3）根据交费收据在相应时限内办理退款手续。

4）核对施工工具、设备和剩余材料，办理货物出门手续。

5）施工人员退场。

7. 二次装修管理手册

（1）施工时间

正常装修时间一般为 8:00—18:00；为避免装修噪声影响其他已入住业户，不得进行一切发出噪声、震荡、强烈气味或对其他业户产生滋扰的装修施工；若需超时工作，必须事先向服务中心提出申请（装修加班申请表加班时间不得超过当日 23 时），获得批准后方可延时。服务中心有权随时停止一切发出噪声、震荡、强烈气味或对其他业户产生滋扰的工程（如切断电源等措施）。

（2）结构地面、分隔墙

不得在结构地面及分隔墙进行挖空、钻孔等破坏性工程。此类工程如造成漏水情况，客户需为此类行为负责。

（3）改建及还原工程

因政府行为或法规的更改，装修管理办公室有权要求客户对所有装修工程进行更改或还原，如该工程影响楼宇设施、装修结构，装修管理办公室将发出书面整改通知，客户必须在5个工作日之内完成还原工程及缴付有关费用。如果客户未能在指定时间完工，装修管理办公室将安排该项工程，所产生的费用由客户承担。

(4) 外加设备/物件等

在未得到装修管理办公室事前批准之前，客户不得安装任何空调机于楼宇外墙及屋顶上。空调室外机须安装在指定位置。

(5) 灯饰

所有走廊和楼梯均已装上足够灯光，为保持走廊的观瞻起见，客户不能在大门及走廊加设任何灯饰。

(6) 物业外貌

不得改变外露窗户的原有色彩；禁止在物业外墙及窗户上安装遮阳罩、窗箱、旗杆、广告牌及任何伸出物或结构以及堵塞任何窗户。

(7) 广告招牌

客户不能展示、悬挂及张贴任何招贴、通告、招牌、广告或其他物件。

(8) 公共设施

客户须保持物业项目内所有设备不能封死，以致无法检查或维修。所有活动检修口、渠盖、门、百叶等不能安装或放置任何物品，以免影响正常开启。

(9) 排水系统

客户不能对楼宇公共设施的水喉、水管、阀门、设备等做出减少或增加接驳等工程。客户不能倾倒污水于公共地方或其他排水设施等，并须对此行为所造成的破坏而进行赔偿。

(10) 室内环境

客户需对其装修所产生的影响及其装修而造成单元内室内环境的改变而负责。

(11) 消防安全

在装修工作展开前及在装修期间，客户必须在施工现场放置最少一个手提式灭火器。灭火器数量按建筑面积大小而有所增减。基本上要求单元内每50米^{2}放置一个有效灭火器。所有购买灭火器的费用由客户承担。如采用挥发性油漆或易燃液体须提供排气扇，将室内的气体排出户外以免引起火灾。如需动用明火、烧焊，须提前向装修管理办公室申报。不准在动用明火时，同时使用油漆。

(12) 装修材料的搬运和建渣清运

装修材料的搬运应提前与装修管理办公室预约，并且不能临时或长期堆放在物业公共区域；客户的装修材料、工具、垃圾和废料等均须使用装修管理办公室指定的电梯运送，不能堆放在公共区域。运送时须严格按照装修管理办公室指定的线路行走，对经过的大堂、走廊的地面和墙面应采取适当的保护措施；客户须自行安排把装修产生的垃圾和废料等运送到指定堆放点，所有装修垃圾及装修材料必须进行袋装，避免污染环境；如有货运卡车装卸货物，必须事先通知服务中心，经服务中心同意后方能驶入，装卸完毕后迅速离开，尽量减少对其他客户的影响。

(13) 保险

建议装修人或装修企业在装修实施前自行安排有关装修范围内的保险事宜，如火灾、水浸、意外、财产、人身安全及第三责任险保险等。

(14) 隐蔽工程

一切有关水、电管线等的隐蔽工程，必须在封闭前经装修管理办公室检查，方可封闭。未通知装修管理办公室检查而自行封闭的，装修管理办公室将保留要求拆封检查的权力，有关客户应给予配合，而相关费用、损失由客户自负。

(15) 禁止行为

未经服务中心批准擅自动工；损坏钢筋混凝土圈（过）梁和构造柱；未经许可任意拆改墙体；更改、堵塞上下水主管道；凿除地面和屋顶的水泥层（钢钉、膨胀螺钉、水泥钉等打入地面的深度不得超过 30 毫米，打入屋顶的深度不得超过 10 毫米）；在梁、柱、承重墙、山墙、现浇板、楼层、预制板上开洞、剔槽；房屋内暗埋水管处均已有画线示意，在线两侧 100 毫米内剔、凿、钻等；在公共配电箱上搭接电源；改动室内配电箱；向窗外抛物，在楼梯、过道等公共场所堆放、抛撒任何物品；使用超重材料；改变楼宇外观，如管线、外门窗、阳台、细部做法等；改变房屋功能，将没有防水层的房间及阳台等改作厨房、卫生间；在没有防水层的房间及阳台等处修建水池、洗刷池、浴池等易渗漏的建筑及构造物；将装修及其他材料悬挂或放置在窗户外侧；在物业项目及走廊加设任何灯饰；封死或放置物品在活动检修口、渠盖、门、百叶等处影响正常开启；占用大厦的楼梯、过道等消防通道；污染和破坏公共区域；违反本建筑区划《高空作业责任书》相关条款进行高空作业；在外立面展示、悬挂任何招牌、标志；未经政府消防主管部门批准，擅自改动户内消防设施。

(16) 装修人员纪律

禁止装修人员进出物业服务项目无临时出入证；禁止在房间内喝酒、赌博及进行其他违法活动；禁止在公共区域抽烟、大声喧哗、打闹、翻越、逗留徘徊、乱扔垃圾、赤足、赤身、随地吐痰；禁止随地大小便，不文明使用卫生间，使卫生间下水道堵塞；禁止运送建材、垃圾时遇上其他客户不礼让，以致弄脏他人衣物；禁止进入其装修房间和指定通道以外的公共区域及房间；禁止偷盗他人物品、财产；禁止破坏、偷盗公共设施设备。

案例 5—3

二次装修服务方案（节选）

一、方案制定思想、目标和原则

（略）

二、方案组织机构

该项目物业服务中心装修期间成立装修专管办公室，由物业服务中心三个部门（客户服务中心、工程部、秩序维护部）抽调人员组成，分管装修办理巡查中的各类事项，定期汇总问题协调处理并向项目经理汇报装修管理工作情况。

装修专管办公室人员及工作分配：

（略）

三、方案实施细则

1. 装修办理基本事宜

(1) 办理装修申请的时间

星期一至星期五的9：00—17：00。

(2) 办理装修申请的地点

1号楼301室客户服务中心暨装修管理办公室。

(3) 装修手续办理经手人

王亚敏。

(4) 装修办理流程

1) 物业服务费缴纳确认，告知装修所需费用。

2) 装修管理办公室办理装修，并提供相关装修改动政府批文。相关改动无政府批文不予办理。

3) 客户在装修管理办公室填写装修申请表并提供装修图纸（室内平面图、电力分布图、给排水图、消防点位布置平面图）文本一份由工程部进行查验，电子文本一份备案。

4) 工程部原则上须在两个工作日内将图纸查验结果通知装修管理办公室，并出具装修图纸查验情况说明。

5) 装修管理办公室接到装修图纸查验情况说明后，立即通知客户办理其他装修手续。图纸查验未通过，必须对图纸及施工方案修改至通过后给予办理。

6) 签订消防/安全责任书、高空作业安全保证书、装饰装修服务协议和装修动火申请书（无动火施工可不填写）。

7) 缴纳装修相关费用。

8) 办理装修施工证和临时出入证。

2. 办理装修申请须缴纳费用

(1) 装修管理服务费

装修管理服务费由装修企业按房屋建筑面积缴纳，标准为0.08元/（米^2·天），装修期过后按0.10元/（米^2·天）收取。

(2) 装修建筑垃圾清运费

装修企业将建筑垃圾袋装放置于服务中心指定地点，由服务中心统一清运，产生费用由装修企业承担，标准为6.00元/米²；装修企业若要求建渣自产自清，则必须每天清运产生的建筑垃圾。

(3) 临时出入证费用

临时出入证由装修企业统一办理，收取50元/人押金。

(4) 灭火器购买或租赁费

灭火器100元/具；租赁灭火器押金100元，按2元/天收取租赁费。

3. 办理所需填写表格

装修申请登记表（物业服务中心统计装修办理表、装修申请表、消防/安全责任书、高空作业安全保证书、装饰装修服务协议、装修动火申请书、装修图纸审核情况说明和装修施工证（需通过装修图纸审核）。

4. 装修图纸查验要求

（略）

5. 装修入场

（略）

思考与练习

1. 什么是物业服务的早期介入？
2. 简述物业服务早期介入的必要性。
3. 早期介入实施的工作内容是什么？
4. 接管查验方案一般包括哪些内容？
5. 二次装修服务程序有哪些？
6. 简要说明业主入住流程有哪些内容。

第六章 日常物业服务方案

学习目标

熟悉物业服务的各项管理内容，了解房屋修缮、设施设备管理、安防、消防、车辆管理。环境管理、客户服务、社区活动等方面服务方案的框架，掌握编制服务方案的基本项目。

物业服务企业接管物业服务项目后，便正式启动了物业服务，也就是正式进入到物业服务项目日常服务中。日常物业服务的运作主要分为房屋及设施设备维护管理（房屋修缮管理、维修基金管理、设施设备维护管理）、公共秩序管理（安防管理、消防管理、车辆管理）、环境管理（保洁管理、绿化管理）、客户服务、便民服务及社区文化建设（便民服务管理、经营管理、社区文化管理）五大部分。

第1节 房屋及设施设备维护管理方案

一、房屋修缮

在物业服务的日常工作中，房屋的修缮和设施设备的维护、保养是相当重要的一环，它决定了物业服务的质量、物业服务企业的信誉和物业服务的盈利水平。因此，房屋维修和设施设备的单项服务方案的制定更显得尤为重要。

1. 房屋维修管理方案

制定房屋的维修方案要求制定者了解房屋构造、房屋维修、工程造价以及房屋维修基金方面的基础知识。

房屋维修管理方案主要包括维修和更新、改造项目概况，维修和更新、改造项目清单，注明主要施工工艺和材料并给出可选择的方案，确定维修费用结算方式，启动维修基金等。

（1）维修和更新、改造项目概况。

在这部分应该明确指出存在的问题，比如窗台渗水，轻质墙板隔墙板间拼接处、门框处出现裂缝，有些墙面出现起泡现象等，而且要说明业主的诉求，比如要求维修、补偿等。

（2）维修和更新、改造项目清单。

在掌握工程预算基本能力的前提下，提供房屋维修的范围和造价清单，供业主查阅和监督，见表6—1。

表 6—1 维修预算清单

序号	维修项目	工程量	预算金额（元）	列支范围	实施时间

（3）在清单下注明主要施工工艺和材料，并给出可选择的方案。

1）窗台渗、漏水维修。采用密封胶或膨胀剂把铝合金窗横框与竖框相接处密封，阻断漏水通道；个别窗户增加泄水孔，及时排掉窗框内雨水；在窗台上窗框外侧铝合金框与瓷砖或墙漆相接处切一道宽 10 毫米、深 20 毫米的小沟，冲洗干净后用“堵漏王”填堵密实，在表层再刷一道玻璃胶。

2）窗台内墙面维修。主要有三个方案可供选择：铲掉原有墙漆，重新做墙漆（费用约 200 元/户）；铲掉原有墙漆，贴墙面砖（费用约 400 元/户）；不维修，直接补偿业主费用，由业主自行维修。

（4）在业主委员会委员或业主代表参与监督下采用特定方式确定施工单位、确定维修费用结算方式。

（5）由业主委员会（业主代表/公房售房单位/物业服务企业）作为申请人负责办理申请维修资金手续。

方案应由业主委员会委员或业主代表审核同意，自生效之日起公示 7 天。

2. 房屋维修管理方案的制作要点

（1）明确房屋维修范围，确定是否在物业维修范围和房屋维修基金的维修范围之内。

（2）在房屋维修基金的激活和应用上要注意透明性。

（3）要注意方案的可实施性和可操作性。

3. 房屋维修管理相关规定

《住宅专项维修资金管理办法》于 2007 年 10 月 30 日由原建设部第 142 次常务会议讨论通过，经财政部联合签署，自 2008 年 2 月 1 日起施行。专项维修基金是商品房住宅的“养老金”，物业的维修、翻新都靠它。专项维修基金可用于公共部位和物业公共设施设备保修期满后的大中修、更新、改造工程。比如，拆换加固受损房屋主体承重结构部位（包括基础、内外承重墙体、柱、梁、楼板、屋顶等），恢复承载能力；整体修缮户外墙面、顶棚、踢脚线、外檐、雨篷抹灰层或块料面层；整体修缮公共部位楼地面面层；玻璃幕墙整体灌注结构胶，更换变形铝合金框架、损坏玻璃（铝塑板墙面参照执行）；户外走廊通道、楼梯间、门厅、地下室门窗整体修换。又如，道路（路幅宽 7 米以下）路面破损 50%以上，整体修复路面、路沿；经验收投入使用一年后，原有绿地率下降 30%的，进行补栽、补植；公益性设施（休闲椅凳、垃圾桶、亭廊、台、池、雕塑、游乐场、健身设施等）经验收投入使用三年后，自然损坏需修换的；小区围墙及大门因自然损坏影响安全和使用需要整体修缮、更新的。

二、维修基金管理

为了加强对住宅专项维修资金的管理，保障住宅共用部位、共用设施设备的维修和正常使用，维护住宅专项维修资金所有者的合法权益，根据《物权法》和《物业管理条例》等法律、行政法规，原建设部、财政部在2007年10月30日联合签署发布了《住宅专项维修资金管理办法》。

1. 维修基金的概念

住宅专项维修资金，是指专项用于住宅共用部位、共用设施设备保修期满后的维修和更新、改造的资金。这里所指住宅共用部位，是指根据法律、法规和房屋买卖合同，由单幢住宅内业主或者单幢住宅内业主及与之结构相连的非住宅业主共有的部位，一般包括住宅的基础、承重墙体、柱、梁、楼板、屋顶以及户外的墙面、门厅、楼梯间、走廊通道等。共用设施设备，是指根据法律、法规和房屋买卖合同，由住宅业主或者住宅业主及有关非住宅业主共有的附属设施设备，一般包括电梯、天线、照明、消防设施、绿地、道路、路灯、沟渠、池、井、非经营性车场车库、公益性文体设施和共用设施设备使用的房屋等。住宅专项维修资金管理实行专户存储、专款专用、所有权人决策、政府监督的原则。

2. 维修基金的使用方案

物业服务方案中关于维修基金的使用方案主要包括维修基金的建立、维修基金的使用程序、维修基金的用途、维修基金的账目等。

（1）维修基金的建立

按照相关规定，维修基金收取比例按照购房者购买物业总价的2%～3%收取，但具体标准由当地的房产行政部门确定（房屋维修基金＝购房时每平方米商品价×比例×面积）。房屋竣工交付使用保修期满后允许使用维修基金。

（2）维修基金的使用程序

1）设立专门的账户。维修基金应设立专门账户，进行专项管理，专款专用。

2）具体使用程序。对于已成立业主委员会的物业管理区域，当物业需要维修时，由业主委员会或业主委员会委托物业服务企业提出维修计划、经费预算及分摊方案等，在物业小区内公示至少5日并拍照，征得物业专项维修资金列支范围内专有部分占建筑物总面积2/3以上的业主且占人数2/3以上的业主签名同意后，报物业专项维修资金行政主管部门备案；未成立业主委员会的物业管理区域，当物业需要维修时，由物业服务企业根据相关业主的报告或检查发现提出维修计划、经费预算及分摊方案等，在物业小区内公示至少5日，征得物业专项维修资金列支范围内专有部分占建筑物总面积2/3以上的业主且占人数2/3以上的业主签名同意后，再次在物业小区内将签名情况公示3日。签名业主无异议的，报物业专项维修资金行政主管部门备案。

3）备案后办理维修基金的流程。以沈阳市为例，首先进入“沈阳市住宅专项维修资金管理系统”，查询申请专项维修基金权限，在“相关下载”中下载“维修资金网上查询权限审批表”，物业企业填写书面申请表，并准备表中提到的申报资料，按照程序逐级申报；其次，根据下载的申请表申报计划并准备有关资料；再次，物业服务企业按照主管部门要求填写物业申请启动维修资金报告，住宅共用部位共用设施设备维修和更新、改造方案，业主大会决议，商品住宅专项维修资金使用预算分摊业主确认明细及汇总表公示证明，商品住宅专项维修资金使用申报审核表，以及维修资金使用申报资料真实性的承诺书；最后一步是结算维修基金，物业服务企业按照主管部门要求需要提供商品住宅专项维修资金预付款审核表、维修改造工程维修资金分摊情况说明、建设工程施工合同、物业维修管理委托书、工程中标公示说明和竣工验收报告。

（3）维修基金的用途

维修基金用于房屋保修期满后房屋主体结构，公共部位和公共设施设备的大、中修以及更新改造工程。房屋主体承重结构部分包括基础、内外承重墙体、柱、梁、楼板、屋顶等，公共部位是指户外墙面、门厅、楼梯间、走廊通道等，公共设施设备是指房屋及相关配套区域内、由业主共同拥有并使用的上下水管道及设备、配电线缆及设备、电梯、公用照明、消防设施、绿地、道路、沟渠、非经营性车场车库、公益性文体设施和其他共用设施设备等。

（4）维修基金账目

根据相关法律法规的要求，住宅小区的业主委员会以及物业服务企业每半年在小区的显著位置张贴公布专项维修基金的收支及使用情况说明。为了使业主更好地了解小区维修基金的使用情况，要对商品住宅维修基金的账目从格式、内容上突出资金的使用情况，优化报表的布局和专业术语，能够使业主更清晰了解维修基金的管理和使用情况，充分实现业主的知情权。

三、设施设备维护管理

1. 设施设备维护的概念

物业设施设备技术状态劣化或发生故障后，为了恢复其功能和精度，采取更换或修复磨损、失效的零件（包括基准件），并对局部或整机检查、调整的技术活动，称为设施设备维护。设施设备维护是物业服务的根本，是开展物业服务的物质保障。

2. 设施设备维护管理方案编制

设施设备管理方案主要包括工程部人员组织结构、工程部管理范围、工程部规章制度、工程部维修保养流程、工程部人员调配流程、工程部工作单流程和工程部设备节能办法等。

（1）工程部人员组织结构

一般物业服务企业工程部的人员组织结构如图 6—1 所示。

（2）工程部管理范围

工程部日常负责的工作有：对建筑物及所有机电设备的日常运行管理及维护保养；对物业未尽如人意之处提出整改方案；对客户的装修工程方案进行审核，对施工进行监督管

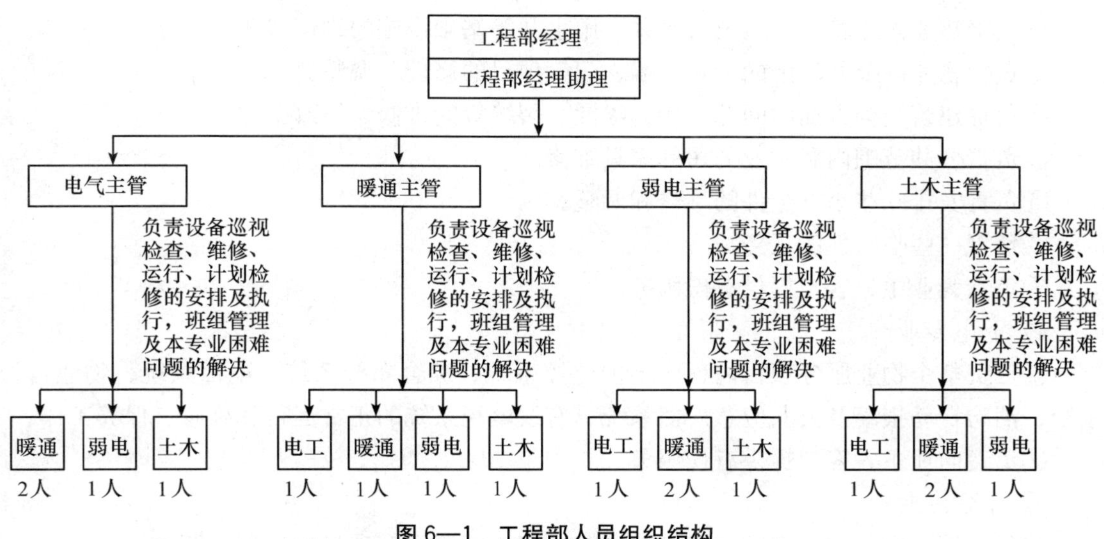

图 6—1　工程部人员组织结构

理；对客户进行有偿服务；为物业服务提供有关工程咨询；完成公司及物业管理处领导交办的其他工作。

1）强电专业

①负责整个物业变配电系统的日常运行、管理及维护、保养工作。

②负责空调、冷水机组等动力电源的供给。一般情况下电机、控制器由空调专业自行负责，但当对方技术力量不足或设备工具不全时，应给予支持配合。

③负责给排水专业所有动力电源的维修保养。

④负责物业公共区域的照明维修。

⑤负责物业临时供电的安排和计划。

⑥负责消防系统强电及卷帘门的维修、保养。

⑦负责提供节约电力的计划方案，并经批准后实施。

⑧对系统不完善的地方提出整改方案，并经批准后实施。

⑨为业主、客户提供有偿服务。

2）空调、给排水专业

①负责整个物业空调制冷、采暖通风系统的日常运行、管理及维修、保养工作。

②改善空调、采暖、通风系统的设计，使物业有一个良好舒适的环境，同时最大限度地节约能源。

③负责整个物业供水系统、排水系统、热水锅炉系统的运行、维修保养工作。

④负责生活水水质报检工作。

⑤负责消防水系统（消火栓、喷洒）的维修、保养工作。

⑥为业主、客户提供有偿服务。

3）综合维修专业

①负责整个物业内所有卫生洁具、设备的维修、保养。

②负责物业内水箱、水池及污水井、雨水井等基础设施的维修整改。

③负责物业内公共范围的天花、墙、门等项目的修理、调整。

④负责建筑结构方面的问题，例如渗漏、裂缝等的维修、整改。

⑤负责公共范围内和物业公司的家具维修。

⑥负责安排一些小五金件的维修和调整。

⑦负责一些临时性的任务。

⑧负责为业主、客户提供有偿服务。

4）弱电专业

①负责整个物业服务项目内秩序维护监控系统、综合布线系统、电话系统、物业自控系统、消防自动报警及公共应急广播系统、有线电视系统的正常运行和维修、保养工作。

②负责向业主、客户提供有偿服务。

5）土建专业

①负责楼宇内公共范围的天花、玻璃窗、墙、门等所有项目的修理、调整。

②负责建筑结构方面的问题，如渗漏、裂缝等的维修、整改。

③负责公共范围内和物业服务企业的家具维修。

④负责安排一些小五金件的维修和调整。

⑤负责一些临时性的任务。

⑥为业主、客户提供有偿服务。

（3）工程部规章制度

工程部规章制度包括安全保卫制度、工程验收制度、设备维修制度、报告制度、工具管理制度、巡检制度、交接班制度、值班制度、材料领取制度、机房钥匙管理制度、机电设备房出入管理制度、故障处理制度、大中修管理制度、零维修管理制度和综合维修房屋管理制度等。

（4）工程部维修保养流程

1）总体要求

①工程部各专业主管分别制定设备维修保养计划，维修保养计划经经理审批后统一安排，形成整个物业的设备维修保养计划。

②各专业主管根据设备维修保养计划的要求，将任务分别落实到各专业班组或人员，安排好时间、器材、工具。

③维修保养人员根据各专业领班的安排，准备好工具、材料，按照维修保养的要求，维修保养相关设备。

④维修保养完成后认真填写维修保养记录，上报存档。

⑤部门主管要进行维修保养检查，经理也应抽查。

⑥在正常进行维修保养时遇到有紧急情况发生，应首先安排排除故障，而后将维修保养内容补上。

⑦一般情况下不得拖延维修保养的时间。

⑧由助理跟进维修保养的落实情况。

2）低压开关柜每日巡视维护保养规程

低压开关柜每日巡视维护保养规程见表6—2。

表6—2　　低压开关柜每日巡视维护保养规程

序号	部位	内容	要求
1	柜正面	1. 清扫（擦拭）柜正面 2. 检查仪表指示及运行参数 3. 检查自行开关 4. 检查闸刀开关操作机构	无灰尘、污迹 仪表工作正常，电流、电压在正常范围 工作状态符合运行要求 定位保险卡到位
2	柜背面	1. 观察各母线、连接点、引出线 2. 检查电度表	连接良好，接头点无发热变色，铝盘转动正常

3）低压开关柜年度保养规程

低压开关柜年度保养规程见表6—3。

表6—3　　低压开关柜年度保养规程

序号	部位	内容	要求
1		完成每日巡视保养项目	
2	仪表	校验仪表、校验电度表	
3	柜内	全面清扫灰尘 整理二次线 补齐、更换二次线接线号 检修闸刀开关 检修自动开关 全面检查紧固螺栓连接点 补刷相位漆	无灰尘、油质、杂物 整齐、美观、清晰 三相同期到位、接触面（线）大于2/3，刀片夹座接触压力合适 触头不烧损，动作可靠灵活、无缺损件 牢固，无松动 颜色符合规定
4	地下电缆室	全面清扫、整理	无垃圾、杂物，电缆排列整齐

4）供电系统维修保养制度

①检查变压器在运行中声音、温度是否正常，观察电压、电流的测量读数。

②查看所有计量仪表的测量读数及指示灯、信号装置等是否正常工作。

③运行中的开关、母线、接头等一切载流导体有无跳火、冒烟、烧焦、发热、变色等现象。

④各开关回路标明需供电范围以便工作，每星期检查开关一次，每天检查电表一次，发现问题及时处理。

⑤变压器外壳及电缆系统有良好的接地，接地电阻每年测一次。

⑥配电室做好通风和降温工作，一般室内温度以不超过40℃为宜。

⑦检查电缆坑有无积水，如发现积水应及时清除。

⑧配电室每月吸尘一次，保持室内清洁、干净。

第六章

⑨有检修记录和测试记录，试验有效期为2年。

5）空调设备维护保养规程

根据部件不同，空调设备维护保养规程可分为新风柜、冷却水塔、冷水机组和空调水泵的维护保养规程。新风柜的维护保养规程包括月巡检和年度保养，冷却水塔的维护保养规程包括月巡检和半年保养，冷水机组的维护保养规程包括日保养和外包保养，空调水泵的维护保养规程包括日巡视保养和年度保养。

（5）工程部人员调配流程

1）日常情况下，按工程部的组织架构图，负责各自的职责范围，完成自身的班组工作。

2）当发生突发事件时，需要班组之间协助解决的，由主管协商调配人力、工具解决问题。

3）经理有权根据工作情况，临时调配人力、工具。

4）当发生危及人身安全、危及设备安全情况时，工程部的每一位员工应根据自己的能力，首先处理问题，可不顾工种、专业的限制。

（6）工程部工作单流程

1）各种维修单均应统一送达，由工程部助理或文员统一接单。维修单上内容必须填写清楚并记录接单时间。

2）工程部助理/文员根据轻重缓急和工种不同，将维修单派往各专业领班或主管，由各专业主管或领班安排实施。

3）维修人员接单后准备相应工具进行修理。修理完成后注明维修时间和所消耗材料，并请客户签字认可后带回交给专业领班。

4）各专业领班审核后交还工程部助理/文员备案，并向有关部门返单。

5）工程部一般情况下不接受电话报修，如有特殊情况，事后应补齐工作单。

6）所有正常的维修保养计划，应根据各专业领班或主管的指示填写工作单后方可进行。

7）工作单按如下顺序分列优先安排：人身安全、消防安全，与客户有关，设备故障影响到客人，一般维修，正常计划维修保养。

8）主管和经理应经常检查或抽查工作单的执行情况。

9）文员每月汇总一次工作单，向经理汇报。

（7）工程部设备节能办法

1）重视节能的重要性，让每名员工都了解节能是工程管理的重要内容。

2）工程部各专业管理人员要了解主要用电设备的数量、运行情况。

3）了解各种能源的收费标准。

4）指派专人负责节能工作的检查、督促。

5）推广节能观念、意识和方法。

6）不断对用电、用水及其他能源消耗情况及节能效果进行分析、调查，并使之不断完善。

7）应用物业自动化控制进行管理，根据季节、时间变化经常调整。

8）加强保温材料的维护保养。

9）根据季节、时间、客人感觉随时调整空调风量。

10）照明线路的布置及调整。

11）灯具的选择（节能灯、日光灯带功率补偿器）。

12）升降梯/电扶梯的智能管理。

13）采用声控开关、光控开关、时间控制开关和延时控制开关等节能开关控制照明。

14）合理使用设备，使其最大限度地达到工作效率。例如，变压器最合理的工作负载是80%～90%，这时它各方面的利用率最佳。

15）使设备保持良好的运行状态。

16）采用节能水龙头。

综上所述，物业服务企业在编制设施设备管理服务方案时，可以根据上述诸多方面去编写。每个项目、每个物业服务企业、每个物业服务方案的编制者对具体设备的维修保养都有不同的要求和理解，所以编制的时候要具体问题具体分析。

案例6—1

某小区公共设施设备日常维修服务方案

某小区公共设施设备日常维修服务方案见表6—4。

表6—4　某小区公共设施设备日常维修服务方案

序号	类别	项目	日常维修			
			计划	方案	标准	实施效果
1	区内道路	路面、人行道、缓路径、道牙	每天检查两遍	由工程部专业维修工按项目维修规程实施	路面修缮质量标准，人行道铺设修缮标准	平整、无坑洼、无积水、无缺损
2	室外照明	道路灯、庭院灯、高杆灯、投光灯、其他照明灯	每天检查一遍	由工程部专业维修工按专业操作规程实施	电气作业安全操作规程，灯具施工技术标准	灯泡正常使用，灯罩完好清洁，灯杆及灯座无破损
3	沟渠池井	雨水口、雨水井、污水井、化粪池、阀门井	每周检查一遍	由工程部专业维修工按作业规程实施维修	井内无积物，井壁无脱落；化粪池出口及其他地隔无堵塞；井盖上标示清晰	井盖完好，无缺损，少污积；无堵塞

续表

序号	类别	项目	日常维修			
			计划	方案	标准	实施效果
4	园林绿地	绿化、雕塑小品、花池循环水池	每天检查一遍	环境管理部进行绿化补种，园艺维修	绿化工作标准；园林工作标准	绿化管理设施、设备齐全完好；雕塑小品等园艺完好；绿化完好；循环水系统畅顺
5	文娱场所		每天检查一遍	由工程部专业维修工按相关维修规程实施	会所及活动中心维修工作标准	各项设施、设备完好，正常使用
6	地下停车场		每天检查两遍	由工程部专业维修工按相关维修规程实施	路面修缮标准；停车场地面修缮标准	道路平整、无积水、无缺损
7	消防设施及排水管网	排水管、室外消防栓、水泵结合器	每周检查一遍	由工程部专业维修工按相关维修规程实施	排水管施工技术标准；消防设施施工技术标准	管道畅通，无堵塞；无泄漏；消防设施正常有效
8	公共标志设施	标识牌、警示牌	每周检查一遍	由工程部专业维修工按相关维修规程实施	标识清楚，无污积、损坏；安放牢固	标志设施完好；标志无损坏
9	连廊及自行车房	连廊、自行车房	每周检查一遍	由工程部专业维修工按相关维修规程实施	墙地面整洁，无损坏；连廊通畅；结构完好	无乱搭建，整洁、通畅；墙面无破损或污迹
10	其他公共设施	垃圾堆放点及围栏、围墙	每周检查一遍	由工程部按相关维修保养规程实施	无破损，脱落；泄水通畅	确保围栏、挡土墙安全使用；确保垃圾转运站正常使用
11	公共智能化系统	摄像监控系统、电子巡更系统、车辆管理系统、智能控制中心	每天对摄像系统监视器、控制器、摄像头等的外观及控制性能检查一遍，每天对巡更系统读卡机外观、连接及性能检查一遍；每天对车管系统IC卡读卡器外观性能、闸杆的外观运行情况检查一遍；每天对各系统电脑外观、运行情况、传输线、传输性能、软件及数据的运行情况等检查一遍		由工程部负责按智能化系统维护保养标准维护	系统性能良好，正常运行；设施完好，整洁有序，无破损
12	管理及商业用房		每周检查一遍	由工程部按相关维修保养规程实施	相应建筑部分维修保养规程；电气、设备维修保养规程	正常安全使用，各项设施、设备完好，无改建

第 2 节　公共秩序管理方案

公共秩序管理是在物业服务区域内，物业服务企业协助政府机关有关部门所进行的公共安全防范和公共秩序维护等的管理服务活动。公共秩序管理主要包括公共安全防范管理服务、消防管理服务、车辆管理服务。

一、公共安全防范管理服务方案

1. 安全防范管理服务的概念

根据《物业管理条例》对安全防范的定义，安全防范管理服务就是物业服务企业协助政府相关部门，为维护公共治安、施工安全等采取的一系列防范性管理服务活动，包括出入管理，安防系统的使用、维护和管理，施工现场的管理、公共设施设备的看护管理，配合政府开展社区管理等工作。

具体地说，安全防范是负责对物业服务区域规划红线以内、业主户门以外的公共区域秩序维护和公共设施的看管及消防管理工作。

2. 安全防范管理服务方案的编制

要制定好的物业安全防范管理服务方案，提供好的物业安全管理服务，首先要掌握好的方法，建立清晰的思路，了解其中的要素和步骤，抓住重点，才能避免工作时的盲目性和随意性。安全防范管理服务方案主要包括安全管理部组织机构的架设、安全管理的资源配备、物业安全管理工作流程、安全管理部工作内容、秩序维护部岗位职责、秩序维护部门的行为规范、秩序维护人员的培训、安全防范管理制度等。

（1）组织机构的架设

根据项目的实际需要合理安排岗位以及人数，明确各岗位职责。除秩序维护队长和领班外还要下设形象岗、门卫岗、巡逻岗、监控岗、车管岗等，如图 6—2 所示。

（2）安全管理的资源配备

物业的安全管理，强调人防、物防和技防相结合，必要的物质和技术条件可以大大提高安全防范的效率，降低安全防范的成本，提升安全防范的效果。很多情况下必要的物质和技术条件能对物业安全起到人所不能替代的作用，是搞好物业安全管理的基础和必要条件。因此，人的因素、物质和技术条件是搞好物业安全管理的“双刃剑”，缺一不可。

1）秩序维护员的基本装备。秩序维护制服、通信装备（电话、对讲机、手机等）、交通装备（电动车、自行车等）、必要的个人值班工具（警棍、手电筒等）、个人生活和休息的必要用具。

2）管理单元的基本装备。值班、通信、指挥中心，共用交通和通信器材（汽车、电动车、自行车等），共用器具（灭火器、消防铲、消防斧、防毒面具等），生活和休息的条件

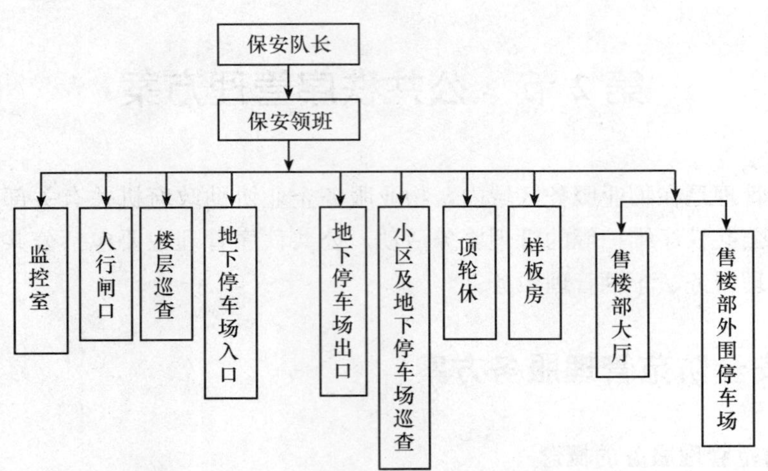

图 6—2 安全管理部门组织机构

（宿舍、食堂、娱乐室等），基本的物质围合或封闭条件（围墙、栏杆、绿化隔离带等），物业安全标志（交通和停车指示、车辆限速和禁停标志等），秩序维护工作设施（岗亭、道卡等），以及智能化安防设施设备等。

（3）物业安全管理工作流程

物业安全管理工作流程是物业安全管理的工作程序及要求，建立并确保其得到遵守和有效执行，并建立起这样的体系或机制，使工作流程的有效性和适用性不断得到验证并持续改进，可以使物业的安全管理步入程序化、规范化、制度化的轨道，对提高物业安全管理水平有很大帮助。物业安全管理部门工作流程如图 6—3 所示。

（4）安全管理部工作内容

物业服务企业安全管理部的工作内容主要包括小区出入口管理、地下车库管理、公共设施看管、夜间巡查重点、发生治安案件的处理等。具体工作内容如下。

1）白班

①大门门卫。白班时大门门卫的工作内容包括：车辆进出登记管理；非物业区域内人员进出登记管理；施工人员进出检查，包括检查出入证件、中央空调安装、大锤、切割机、水钻打孔，同时必须要求到物业办公室办理备案手续；物品进出登记管理；每日大门处地面（大门内外侧）的清洁保洁工作；盘查可疑人员。

②后门门卫。白班时后门门卫的工作内容包括：当发现可疑情况时，及时与代班长联系，控制现场和人员；人员的进出管理，重点检查是否有出入证件；告知车辆由大门进出；不允许物品走此门。

③巡逻。白班时巡逻的工作内容包括：巡逻时随时处置发生的问题，并做记录；物业区域现场的监督与巡查；业主搬运大宗物品进入单元时，要现场跟进，提醒业主注意保护好楼道内的设施，并做记录；巡逻时注意区域内的公共设施设备是否损坏或丢失，并做记录（包括单元防盗门、楼宇外墙等）；巡逻时随时注意可疑人员的出现；对区域内乱停乱放

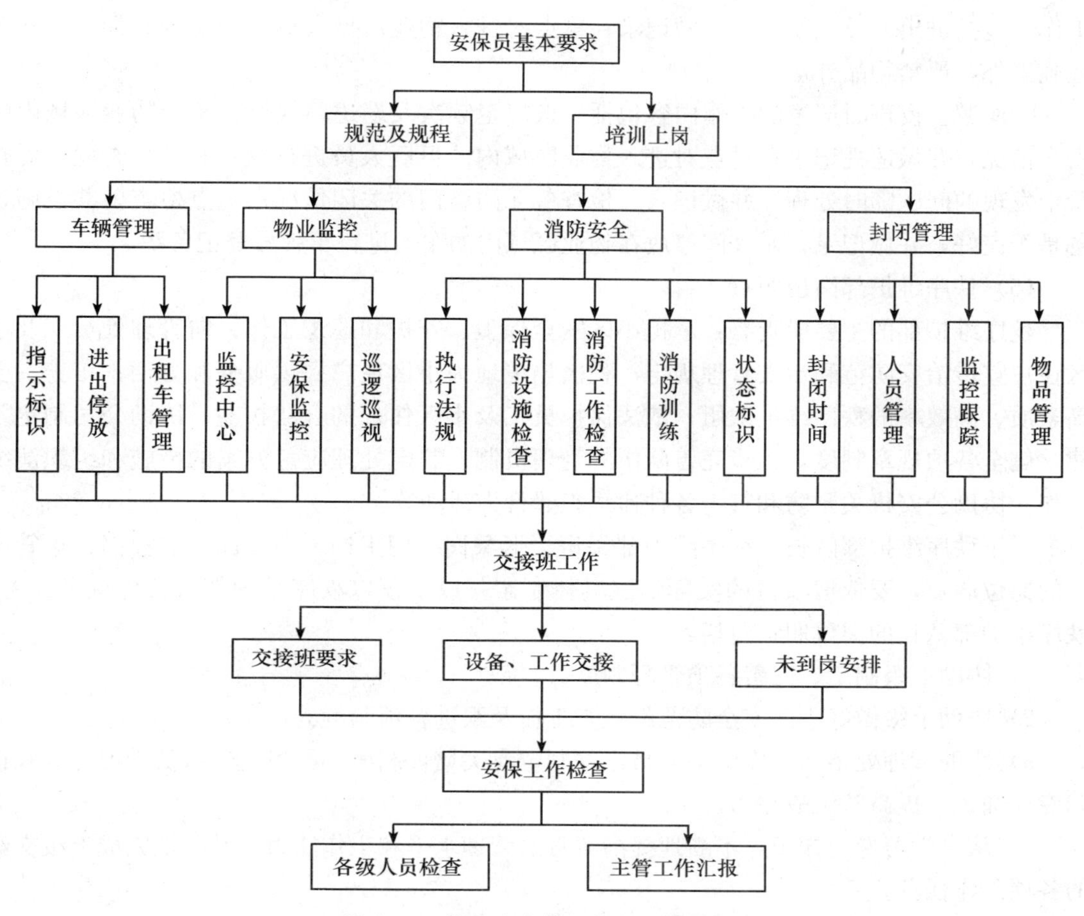

图 6—3　物业安全管理部门工作流程

的自行车、摩托车、汽车进行管理；按规定要求随时检查楼宇单元防盗门关闭情况；密切注意并及时告知装修人员上料时不要损坏楼道墙面、地面、顶棚、电表箱、灯罩、单元防盗门、楼梯扶手等；巡查中存在的问题或已处理的问题要进行记录；配合其他人员做好其他工作；处置张贴广告人员，杜绝小广告的出现；对室外游走的人员进行证件查验或询问。

2）夜班

①大门门卫。夜班时大门门卫的工作内容包括：人员进出登记，必须检查外来人员相关有效证件，并问清进入事由等；没有业主的允许，非物业区域内的人员不得进入物业区域内，或没有有效证件一律不得进入物业区域内；物品进出登记与询问管理，物品外运时，必须有业主陪同或物品拉运凭证才予以放行，否则一律不得放行；随时提醒进入小区车辆司机关闭好车窗和车门，并将贵重物品随身携带好；车辆进出必须进行登记，并记录车牌号、进出时间、做什么、几号楼几单元几号室；配合其他人员做好其他工作；做好大门处地面（大门内外侧）及岗亭内的清洁卫生工作；必须坚守岗位。

②后门门卫。夜班时后门门卫的工作内容包括：接班后，必须在岗亭内监守安全防范

工作，包括进出人员、物品，并做记录；重点对进入物业区域人员进行盘查和询问，除工程施工外，严禁物品外运。

③巡逻。夜班时巡逻的工作内容包括：按规定频次及巡逻路线巡查整个物业区域内的安全情况，并做巡视记录；重点对进入物业区域内的可疑人员进行盘查和证件查验，对查验中发现的问题随时处理，并做记录；检查单元防盗门的关闭情况；重点检查公共设施设备是否完好，并做记录；对夜间停放在物业区域内的车辆进行车牌号登记备案。

（5）秩序维护部岗位职责

秩序维护部的主要职责有：承担小区安全保卫、守护和巡逻工作；向管理处员工及小区住户宣传治安防范和治安管理规定；积极热情地为小区住户提供服务和方便；培养一支高素质、高效率的秩序维护队伍；依法保护员工及小区住户的合法权益；协助公司制定及建立健全各项规章制度，逐步完善队伍的管理机制；制定处理应急方案的措施和组织演练工作；协助公安机关预防和打击各种违法犯罪行为活动等。

对于秩序维护部队长、秩序维护部领班、形象岗、门卫岗、巡逻岗、监控岗、车管岗等的岗位职责，要依据项目的实际情况具体制定。以下仅以秩序维护部队长为例做参考。秩序维护部队长的岗位职责包括：

1）协助上级制定、完善各项管理制度。

2）协助上级做好小区安全防范的检查工作及跟进各项制度的落实。

3）协助管理处招聘秩序维护人员，并制定有关培训制度，积极组织队员学习法律知识和专业知识，提高队伍战斗力。

4）认真学习专业知识，不断地提高自身的管理水平和工作能力，及时地完成上级交给的各项工作任务。

5）以身作则，带领全体队员认真贯彻执行公司的各项规章制度，培养全队严格的组织纪律性、端正的工作作风。

6）加强岗位的管理，督促检查岗位工作，做好队伍的团结工作。

7）掌握队员的思想状况，深入细致地做好队员的思想政治工作，关心队员的生活。

8）及时检查小区所存在的不安全因素，及时向上级提出整改意见。

9）深入队员及住户、业主之间，收集工作开展情况的信息，广泛征求意见和建议，解决日常工作中出现的问题，不断提高服务质量。

10）教育监督员工及队员和小区的住户、业主能自觉爱护公共设施和设备，防止事故发生。

11）组织安排员工对装修装饰施工及临时施工实施监管。

12）积极组织队员学习并实施应急措施，不断提高应对突发事件的能力。

13）组织和督促队员进行队列训练和擒拿格斗、消防演练等培训，提高队伍的战斗力和凝聚力。

14）廉洁自律、办事公正，接受上级部门的监督。

15）协助公安机关打击违法犯罪活动。

（6）秩序维护部门的行为规范

根据相关管理条例严格约束秩序维护人员的行为，按照《秩序维护员管理条例》制定行为规范要求，具体制定内容以项目实际情况为准。

（7）秩序维护人员的培训

对秩序维护人员的培训，是提高秩序维护人员素质的根本途径，也是保障秩序维护管理服务质量的基本条件，应该有目标、有计划、有制度、有考核地系统地进行。

关于秩序维护人员培训的种类，一般依据秩序维护人员的培训在上岗的前后分为岗前培训（或称上岗培训）和岗后培训（或称在岗培训），按照培训时间的长短分为短期培训、中期培训和长期培训，按照培训的内容分为常规业务培训和特殊技能培训，按照培训是否脱产分为脱产培训和不脱产培训，按照培训的组织和管理方式分为管理处培训、公司培训、外派培训和外请培训等。各种培训方式具有不同的优缺点和效果，物业服务企业应根据不同的情况设计由不同方式组成的综合培训方式，以达到较好的培训效果。

（8）安全防范管理制度

安全防范管理制度涵盖的面很广，主要包括交接班管理制度、人员及物品的出入管理制度、监控管理制度、巡楼巡视管理制度、突发事件处理管理制度、电梯安全管理制度、器械使用管理制度等。

案例 6—2

某物业服务企业安全管理工作方案

一、目的

明确安全管理各岗位职责及监控办法，做好安全防范工作。

二、范围

适用于公司所有服务区域安全管理。

三、安全管理工作内容

1. 治安防范

维护服务区内公共秩序，出入口管理，核查出入人员并登记访客（适用于封闭式小区、大厦、项目办公区域），物资放行管理。

2. 停车场及交通管理

车辆出入管理及登记、车辆检查及登记、服务区内交通秩序指挥及维持。

3. 消防管理

消防设施巡查管理、消防器材使用、消防宣传。

4. 装修管理

装修安全控制及巡查管理。

5. 突发事件及违章处理

突发事件处理及现场控制、自然灾害防范。

6. 卫生管理

监督、协助维持管理服务区域内的环境卫生。

四、安全管理各岗位职责

（略）

五、安全各岗位行为规范

1. 工作期间精神饱满，充满热情，面带微笑，声音亲切。

2. 制服应保持干净、平整，指甲长度不超过指尖 2 毫米；穿黑色皮鞋，鞋底、鞋面、鞋侧保持清洁，鞋面要擦亮。

3. 对讲机统一佩带在身体右后侧腰带上，停车场岗位夜间要穿着反光衣。

4. 主动与客户打交道时，须立正行礼并主动问好，路遇客户应主动点头微笑致意，并主动让路。

5. 路遇客户问询，自己能正确解决或回答的情况下，自己予以解决或回答；不能直接拒绝客户，尽量少说“不知道”之类的话。

6. 与客户沟通时面带微笑并保持适当（一米以外）的距离。

7. 使用对讲机时，语言要文明、简练、清晰，表达完一个意思时，及时向对方说“完毕”。

8. 对待客户投诉要认真听取，仔细记录，及时反馈，竭诚解决。

9. 自觉维护干净整齐的工作环境，主动做到“人过地净”。

10. 为客人指引方向或指点位置时应用手掌指示，手心向上，亲切明确。

11. 上门拜访客户，按门铃或敲门三声（敲门声音应适中），然后退至离门正前方一米处，面向大门，右手放在左手上交叉与腹前，等候客户应答；如果没有应答，应等候 5～10 秒钟再进行第二次和第三次按门铃或敲门。

六、安全管理监控办法

1. 安全监控要求

（略）

2. 夜间安全监控说明

（略）

3. 紧急预案演习监控要求

（略）

4. 安全员体能及业务素质要求

（略）

5. 紧急情况反应时间

（略）

6. 各部门安全管理规章制度

（略）

二、消防管理服务方案

消防管理服务方案包括消防组织机构和岗位职责、消防安全管理制度和消防应急预案等。

1. 消防组织机构和岗位职责

（1）消防组织机构

根据《中华人民共和国消防法》的规定，结合实际情况，成立消防安全委员会，总经理担任防火总负责人，各部门主管为防火责任人，工程技术人员负责消防设施维护管理，以秩序维护部为主建立义务消防队。

（2）岗位职责

1）防火总负责人的职责

①领导消防安全机构，贯彻执行消防法则。

②组织制定各项消防工作规章制度。

③组织、布置、检查、总结消防工作，并定期向当地公安消防监督机关报告消防工作情况。

④组织防火安全检查，整改火险隐患。

⑤对员工进行消防宣传教育。

⑥组织、领导义务消防队开展消防工作。

⑦组织对消防设施器材的管理。

⑧组织制定紧急状态下的疏散方案。

⑨组织扑救初期火灾和指导安全疏散。

⑩调查火警事故，协助公安、消防监督机关调查火灾原因。

2）各部门防火责任人职责

①当好管理公司防火负责人的参谋，配合防火总负责人贯彻、执行消防法则。

②根据消防总负责人指示，组织消防演练。

③建立防火档案。

④在消防总负责人的领导下，开展消防宣传，检查并督促整改火灾隐患。

⑤负责消防工作巡查。

⑥督促落实各项消防规章制度。

3）各班组防火责任人职责

①各班组防火责任人逐级向上一级负责，做到“谁主管，谁负责”，对消防器材、消防设施设备实行层层承包管理。

②组织员工定期进行消防知识学习和消防业务培训。

③每日检查自己管辖区域的消防设施、设备。

④每日检查器材位置、编号、数量是否相符，有无过期、损坏或丢失，及时做好记录

并报告秩序维护部。

⑤要求员工做好灭火器材清洁，保持其外表干净美观，摆放整齐。

⑥教会员工学习使用一般灭火器材及火警处理的操作技能，做到“一灭火，二抢救，三疏散，四保护”。

⑦检查走火通道是否畅通，消防设施是否被堵塞或占用，及时处理或报秩序维护部。

⑧配合秩序维护部做好各项防火工作。

4）负责消防设施维护管理的工程技术人员职责

①确保消防供水系统、消防栓等设备完备。

②确保火灾自动报警系统、自动灭火系统完备。

③保证烟感和温感探测器、水喷淋喷头、防火门、防烟门、防火卷闸、防排烟设施、消防水枪和水带、疏散标志和指示灯等消防设施完备。

④定期保养、维修大厦消防设施设备。

2. 消防安全管理制度

（1）消防安全教育、培训制度

1）每年以创办消防知识宣传栏、开展知识竞赛等多种形式，提高全体员工的消防安全意识。

2）定期组织员工学习消防法规和各项规章制度，做到依法治火。

3）各部门应针对岗位特点进行消防安全教育培训。

4）对消防设施维护保养和使用人员应进行实地演示和培训。

5）对新员工进行岗前消防培训，经考试合格后方可上岗。

6）因工作需要员工换岗前必须进行再教育培训。

7）消控中心等特殊岗位要进行专业培训，经考试合格持证上岗。

（2）防火巡查、检查制度

1）落实逐级消防安全责任制和岗位消防安全责任制，落实巡查检查制度。

2）消防工作归口管理职能部门每日对公司进行防火巡查，每月对单位进行一次防火检查并复查追踪改善。

3）检查中发现火灾隐患，检查人员应填写防火检查记录，并按照规定，要求有关人员在记录上签名。

4）检查部门应将检查情况及时通知受检部门，各部门负责人应每日通报消防安全检查情况，如果发现本单位存在火灾隐患，应及时整改。

5）对检查中发现的火灾隐患未按规定时间及时整改的，根据奖惩制度给予处罚。

（3）安全疏散设施管理制度

1）物业服务企业应保持疏散通道、安全出口畅通，严禁占用疏散通道，严禁在安全出口或疏散通道上安装栅栏等影响疏散的障碍物。

2）应按规范设置符合国家规定的消防安全疏散指示标志和应急照明设施。

3）应保持防火门、消防安全疏散指示标志、应急照明、机械排烟送风、火灾事故广播等设施处于正常状态，并定期组织检查、测试、维护和保养。

4）严禁在营业或工作期间将安全出口上锁。

5）严禁在营业或工作期间将安全疏散指示标志关闭、遮挡或覆盖。

（4）消防控制中心管理制度

1）熟悉并掌握各类消防设施的使用性能，保证在扑救火灾过程中操作有序、准确迅速。

2）做好消防值班记录和交接班记录，处理消防报警电话。

3）按时交接班，做好值班记录、设备情况、事故处理等情况的交接手续。无交接班手续，值班人员不得擅自离岗。

4）发现设备故障时，应及时报告，并通知有关部门及时修复。

5）非工作所需，不得使用消控中心内线电话，非消防控制中心值班人员禁止进入值班室。

6）上班时间不准在消控中心抽烟、睡觉、看书报等，离岗应做好交接班手续。

7）发现火灾时，迅速按灭火作战预案紧急处理，电话通知公安消防部门并报告部门主管。

（5）消防设施、器材维护管理制度

1）消防设施日常使用管理由专职管理员负责，专职管理员每日检查消防设施的使用状况，保持设施整洁、卫生、完好。

2）消防设施及消防设备技术性能的维修保养和定期技术检测由消防工作归口管理部门负责，设专职管理员每日按时检查了解消防设备的运行情况。查看运行记录，听取值班人员意见，发现异常及时安排维修，使设备保持完好的技术状态。

3）消防设施和消防设备定期测试

①烟感、温感报警系统的测试由消防工作归口管理部门负责组织实施，秩序维护部参加，每个烟感、温感探头至少每年轮测一次。

②消防水泵、喷淋水泵、水幕水泵每月试开泵一次，检查其是否完整好用。

③正压送风、防排烟系统每半年检测一次。

④室内消火栓、喷淋泄水测试每季度一次。

⑤其他消防设备的测试，根据不同情况决定测试时间。

4）消防器材管理

①每年在冬防、夏防期间定期两次对灭火器进行普查换药。

②派专人管理，定期巡查消防器材，保证其处于完好状态。

③对消防器材应经常检查，发现丢失、损坏应立即补充并上报领导。

④各部门的消防器材由本部门管理，并指定专人负责。

（6）火灾隐患整改制度

1）各部门对存在的火灾隐患应当及时予以消除。

2）在防火安全检查中，应对所发现的火灾隐患进行逐项登记，并将隐患情况书面下发各部门限期整改，同时要做好隐患整改情况记录。

3）在火灾隐患未消除前，各部门应当落实防范措施，确保隐患整改期间的消防安全，对确无能力解决的重大火灾隐患应当提出解决方案，及时向单位消防安全责任人报告，并向单位上级主管部门或当地政府报告。

4）对公安消防机构责令限期改正的火灾隐患，应当在规定的期限内改正并写出隐患整改的复函，报送公安消防机构。

（7）用火、用电安全管理制度

1）用电安全管理

①严禁随意拉设电线，严禁超负荷用电。

②电气线路、设备安装应由持证电工负责。

③各部门下班后，该关闭的电源应予以关闭。

④禁止私用电热棒、电炉等大功率电器。

2）用火安全管理

①严格执行动火审批制度，确需动火作业时，作业单位应按规定向消防工作归口管理部门申请“动火许可证”。

②动火作业前应清除动火点附近5米区域范围内的易燃易爆危险物品或作适当的安全隔离，并向保卫部借取适当种类、数量的灭火器材随时备用，结束作业后应即时归还，如有动用应如实报告。

③如在作业点就地动火施工，应按规定向作业点所在单位经理级（含）以上主管人员申请，申请部门需派人现场监督并不定时派人巡查。离地面2米以上的高架动火作业必须保证有一人在下方专职负责随时扑灭可能引燃其他物品的火花。

④未办理“动火许可证”擅自动火作业者，本单位人员予以记小过两次处分，严重的予以开除。

（8）易燃易爆危险物品和场所防火防爆制度

1）易燃易爆危险物品应有专用的库房，配备必要的消防器材设施，仓管人员必须由消防安全培训合格的人员担任。

2）易燃易爆危险物品应分类、分项储存。化学性质相抵触或灭火方法不同的易燃易爆化学物品，应分库存放。

3）易燃易爆危险物品入库前应经检验部门检验，出入库应进行登记。

4）库存物品应当分类、分垛储存，每垛占地面积不宜大于100米^2，垛与垛之间不小于1米，垛与墙间距不小于0.5米，垛与梁、柱的间距不小于0.5米，主要通道的宽度不小于2米。

5）易燃易爆危险物品存取应按安全操作规程执行，仓库工作人员应坚守岗位，非工作人员不得随意入内。

6）易燃易爆场所应根据消防规范要求采取防火防爆措施，并做好防火防爆设施的维护保养工作。

(9) 义务消防队组织管理制度

1) 义务消防员应在消防工作归口管理部门领导下开展业务学习和灭火技能训练，各项技术考核应达到规定的指标。

2) 要结合对消防设施、设备、器材的维护检查，有计划地对每名义务消防员进行轮训，使每个人都具有实际操作技能。

3) 按照灭火和应急疏散预案每半年进行一次演练，并结合实际不断完善预案。

4) 每年举行一次防火、灭火知识考核，考核优秀给予表彰。

5) 不断总结经验，提高防火灭火自救能力。

(10) 灭火和应急疏散预案演练制度

1) 制定符合本单位实际情况的灭火和应急疏散预案。

2) 组织全员学习和熟悉灭火和应急疏散预案。

3) 每次组织预案演练前应精心部署，明确分工。

4) 应按制定的预案，至少每半年进行一次演练。

5) 演练结束后应召开讲评会，认真总结预案演练的情况，发现不足之处应及时修改和完善预案。

(11) 燃气和电气设备的检查和管理制度

1) 应按规定正确安装、使用电气设备，相关人员必须经必要的培训，获得相关部门核发的有效证书方可操作。各类设备均需具备法律、法规规定的有效合格证明并经维修部确认后方可投入使用。电气设备应由持证人员定期进行检查（至少每月一次）。

2) 防雷、防静电设施定期检查、检测，每季度至少检查一次，每年至少检测一次并记录。

3) 电气设备负荷应严格按照标准执行，接头牢固，绝缘良好，保险装置合格、正常并具备良好的接地，接地电阻应严格按照电气施工要求测试。

4) 各类线路均应以套管加以隔绝，特殊情况下，亦应使用绝缘良好的铅皮或胶皮电缆线。各类电气设备及线路均应定期检修，随时排除因绝缘损坏可能引起的消防安全隐患。

5) 未经批准，严禁擅自加长电线。各部门应积极配合安全小组、维修部人员检查加长电线是否仅供紧急使用、外壳是否完好、是否是由维修部人员检测后投入使用。

6) 电气设备、开关箱线路附近按照本单位标准划定黄色区域，严禁堆放易燃易爆物并定期检查、排除隐患。

7) 设备用毕应切断电源。未经试验正式通电的设备，安装、维修人员离开现场时应切断电源。

8) 除已采取防范措施的部门外，工作场所内严禁使用明火。

9) 使用明火的部门应严格遵守各项安全规定和操作流程，做到用火不离人、人离火灭。

10) 场所内严禁吸烟并张贴禁烟标识，每一名员工均有义务提醒其他人员共同遵守公共场所禁烟的规定。

（12）消防安全工作考评和奖惩制度

1）对消防安全工作做出成绩的，予以通报表扬或物质奖励。

2）对造成消防安全事故的责任人，依据所造成后果的严重性予以不同的处理，除已达到依照国家《治安管理处罚条例》或已够追究刑事责任的事故责任人将依法移送国家有关部门处理外，根据本单位的规定，将对下列行为予以处罚：

①有下列情形之一的，视损失情况与认识态度除责令赔偿全部或部分损失外，予以口头告诫：使用易燃危险品未严格按照操作程序进行或因保管不当而造成火警、火灾，损失不大的；在禁烟场所吸烟或处置烟头不当而引起火警、火灾，损失不大的；未及时清理区域内易燃物品，而造成火灾隐患的；未经批准，违规使用加长电线、用电未使用安全保险装置的或擅自增加小负荷电器的；谎报火警；未经批准，玩弄消防设施、器材，未造成不良后果的；对安全小组提出的消防隐患未予以及时整改而无法说明原因的部门管理人员；阻塞消防通道、遮挡安全指示标志等未造成严重后果的。

②有下列情形之一的，视情节轻重和认识态度，除责令赔偿全部或部分损失外，予以通报批评：擅自使用易燃、易爆物品的；擅自挪用消防设施、器材的位置或改为他用的；违反安全管理和操作规程、擅离职守从而导致火警、火灾损失轻微的；强迫其他员工违规操作的管理人员；发现火警，未及时依照紧急情况处理程序处理的；对安全小组的检查未予以配合、拒绝整改的管理人员。

3）对任何事故隐瞒事实，不处理、不追究或提供虚假信息的，予以解聘。

4）对因违反消防安全管理导致事故发生（损失轻微的），但能主动坦白并积极协助相关部门处理事故、挽回损失的肇事者或责任人可视情况予以减轻或免予处罚。

3. 消防应急预案

（1）消防警钟误鸣

1）接到消防警钟鸣响信号时，应立即确认消防警钟鸣响的正确位置。

2）通知就近巡逻的秩序维护员前往查看，确定是发生火灾还是警钟误鸣。

3）若确认是有效消防警钟，按照消防安全事故应急预案处置。

4）若确认是消防警钟误鸣，通知控制中心重新设置警钟，并做好相关区域人员的安抚和解释工作。

5）通知消防设备维修单位检查和维修。

（2）消防花洒头爆裂

1）若发现消防花洒头爆裂渗水，应立即通知控制中心。

2）通知就近巡逻的秩序维护人员迅速赶往现场查看，确认爆裂原因。

3）若是因为火警而爆裂，按照消防安全事故应急预案处置。

4）若是意外爆裂，通知控制中心静止警钟，并通知设施设备维护人员关闭阀门，到现场协助处理。

5）记录事故现场情况，保全相关证据，并拍照存案。

6）通知环境维护人员到场处理积水。

7）通知消防设备维修单位检查和维修。

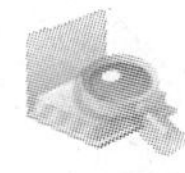

案例 6—3

某大厦消防安全应急预案

一、火情报警

1. 在大厦范围内无论何时、何地，一旦发现火情，大厦员工都有责任立即向消防中控室报警。

2. 在大厦内遇见火情，如为初起小火，应就近使用轻便灭火器进行自救灭火，保护现场，将情况报告秩序维护部；如火情严重，要立即按下墙上的手动报警装置进行报警，或用内部电话报警。

3. 电话报警时，不要惊慌失措，要沉着冷静、语言清晰地将火情发生的所在区域、燃烧物质、火势大小、有无人员伤亡、报警人姓名、部门、所在位置报告消防中控室。

4. 关闭火场附近的电源、煤气开关及门窗。

5. 切勿高喊“着火了”，以免造成不必要的混乱，要保持冷静，只有经消防总指挥授权才可报警。

二、火情确认

1. 中控室接到报警电话时要详细记录报警人姓名、部门和发生火灾的确切位置以及燃烧物质、火势大小、有无人员伤亡。

2. 中控室接到电话报警或消防主机报火警，立即通知备勤警员到现场确认，查清下列问题：

（1）火情发生的具体位置、燃烧物质、火势大小、有无人员伤亡。

（2）火源是什么，是电器起火还是其他原因。

（3）确认火情时应注意，不得莽撞开门，要先试一下门体的温度。如果正常，可开门检查；如门体温度高，可确认内有火情，此时房内如有人，应先设法救人，开门时注意不要把身体正对开门处，要视情况进入。

（4）确认火情后，立即将信息反馈给中控室。

三、火情报告

1. 火情确认后，中控室值班员立即向秩序维护部经理和消防主管报告（正常上班时间）或向值班经理报告（夜间、节假日），同时向秩序维护员宿舍发出警报信号。

2. 向总机值班员报警（正常上班时间）。

3. 总机值班员接到报警后立即通知物管中心主任和各部门经理。

四、各级人员行动

1. 大厦物管中心主任接到报警后立即赶往中控室组建灭火指挥部，指挥灭火及抢救疏散行动。

2. 非正常上班时间值班经理接到报警后立即赶往失火现场指挥灭火行动。

3. 秩序维护部经理接到报警后立即赶往中控室，协助物管中心主任指挥灭火及抢救疏散行动。

4. 物管中心行政办公室经理、客服部经理、工程部经理接到报警后，立即赶往中控室组成灭火指挥部，并通知本部门各岗位人员坚守岗位做好疏散准备。

5. 秩序维护部消防主管接到报警后立即赶往火灾现场，指挥义务消防队实施灭火抢救行动。秩序维护部安保主管接到报警后立即赶往大厦正门，调整警力部署，维护正门及外围秩序。

6. 警队队长接到报警后立即带领备勤警员组成义务消防队，赶往火灾现场在消防主管的指挥下实施灭火及抢救行动。

7. 其他各部门各岗位人员接到报警后坚守岗位，按灭火指挥部的命令行动。

五、灭火战术

1. 秩序维护部消防主管赶到火场后立即组织现场人员进行灭火，并随时同灭火指挥部联系，向灭火总指挥报告火情。

2. 冷却灭火法：义务消防队员赶到火场后，立即使用消火栓灭火，及时清理火场易燃物，用消火栓浇湿四周建筑物，降低火场温度。

3. 隔离灭火法：将易燃物与火源隔离。

4. 窒息灭火法：关闭门窗，用难燃材料压盖较小面积的火源。

5. 抑制灭火法：使用干粉灭火器或二氧化碳灭火器扑灭火源。

六、灭火指挥部

灭火总指挥根据火灾现场情况适时下达如下命令：启动消防泵、喷淋泵，配合火场灭火。

三、车辆管理服务

物业服务区域内的车辆管理服务是物业公共秩序管理服务的一项基本服务内容，也是体现一个物业服务企业管理服务水平的重要环节。车辆管理服务包括车辆进出管理服务、车辆疏导管理服务、车辆停放管理服务等。

车辆管理服务方案主要内容包括组织机构、工作流程、管理制度和应急预案等。

1. 组织机构

在安全管理部门管辖下，由安保主管或队长负责，在停车场出入口设置门岗以及停车场的巡查人员。

2. 工作流程

车辆管理工作流程如图 6—4 所示。各环节中需要注意的要点如下。

（1）车辆进出

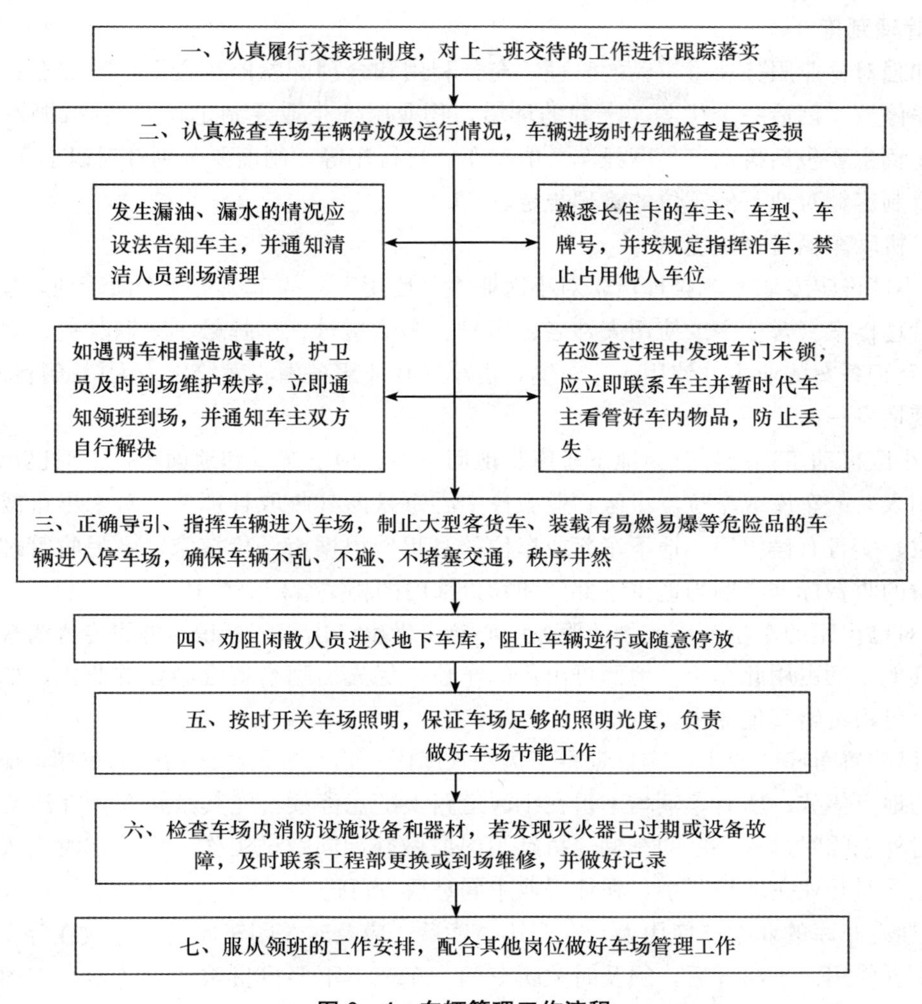

图6—4　车辆管理工作流程

注意车辆牌号、出入证件、车辆是否登记、登记进出时间和交接记录。

（2）车辆疏导

注意停车时的疏导、物业区域内的交通疏导和车辆出车位时的疏导等。

（3）车辆停放

注意入位情况、占用消防设施及通道情况，车辆入位时及时观察车辆是否有损坏部位、车窗是否关闭、车内是否遗留贵重物品等。

（4）车辆巡视

注意巡视频次、巡视车辆存在的问题，夜间巡视时记录停放车辆的牌号、车内是否放置贵重物品或重要证件、交通设施状况、记录、交接等。

（5）交通车辆

注意交通安全标志牌及设施、车辆行驶速度、噪声控制、行驶顺序等。

3. 管理制度

为加强对物业服务项目车辆的管理，充分利用和合理配置停车资源，确保车辆遵章行驶、有序停放，创造一个优美、宁静的环境，物业服务企业要制定切合实际的管理制度。辖区内车辆主要包括机动车、摩托车、电动车、自行车等，制度要分别针对以上车别制定，同时也要制定针对地下停车位的管理规定。

（1）机动车辆管理制度

1）小区设定专职车辆管理员，对小区业主（使用人）的车辆实施全面管理，建立详细的车辆管理档案（含业主或使用人姓名、房号、车辆型号、车牌号、车辆颜色、联系电话等），对登记备案的业主（使用人）车辆，由小区物业服务中心发给出入大门通行证，通行证每年度换发一次。

2）小区机动车辆泊位分为地下车库、地面车库、地下车位和地面车位。对已出售给业主（使用人）的车库或车位，小区物业服务中心每月向其收取管理费；对未出售或不能出售的车位，实行有偿租用，地下车库或车位的月租费根据市场价核定，不另收管理费；地面停车位的收费标准参照当地主管部门和物价部门的相关规定办法执行。

3）对已出租的车位，小区物业服务中心负责做出已出租的标识，并设专人管理，阻止和劝解其他车辆占用此车位。地面可出租的车位，优先出租给就近居住的业主；如就近业主不租，可租赁给其他业主。

4）已购置车库的业主，应自觉将车辆停入库内；临时进入小区的机动车辆，应按车管员指定的地点停放；所有车辆均不得在小区道路上随意停放，尤其禁止车辆在道路交叉口停放。对外来临时进入小区的车辆，执勤门岗应做好询问登记工作，发放临时出入证，必要时还应及时与业主取得联系，在征得业主同意后方可进入。

5）拥有车库的业主（使用人）在车辆入库后，应及时关闭车库门；停放在停车场的车辆，业主（使用人）离开后，须及时关闭车门、车窗，不要将贵重物品遗留在车内。车管员和秩序维护员如发现车辆门、窗未关好，应及时通知车主，以防止车内物品失窃。停车场仅提供停车场地，并要求车管员和秩序维护员加强巡视检查，如出现车辆丢失或车内物品被窃，应积极配合车主查找并提供其他帮助，但不负赔偿责任。

6）对业主（使用人）的车辆，车辆管理员应坚持对其车辆的门、窗及外表状况实行日常检查和每月大检查相结合的检查方式，并做好必要的记录，发现问题应及时告知业主（使用人）。

7）小区道路和停车场严禁学习驾驶、试车，不得无故使用车载报警器，严禁随意鸣笛。

8）对进入小区载有业主的出租车须换证通行，对载有外来人员的出租车应谢绝入内。夜间 22 时后，谢绝出租车进入小区。

9）对从小区驶出并携带较贵重或大量物品的非业主车辆，执勤门岗有权进行检查或要求做出说明。

10）大型货车、客车原则上不允许随意进入小区，如遇特殊情况需进入，应提前申请并征得小区物业服务中心的同意。

11）小区应设立机动车辆行驶标识，包括行驶方向、行驶路线、限速、限高、禁鸣、禁烟火等，业主（使用人）须遵章执行，出入大门应各行其道或先出后进。

12）车辆管理员和秩序维护巡视员应确保行驶通道和消防通道的畅通，要做到管理有序，无乱停、乱放车辆的现象。对随意乱停或侵占已购（租）车库、车位业主利益的车辆，实行广大业主舆论监督、秩序维护管制和社区交警共同管理的方法进行监督。

13）对所有进出小区的非业主车辆和出租车实行凭车辆出入卡进出，执勤门岗必须在卡上注明车辆进出的时间、车牌号、所访业主姓名、执勤门岗姓名，并应妥善保管好出入卡，不得丢失。

（2）摩托车和非机动车的管理制度

1）小区如设有停车棚，应做好明显标记。存放车辆的业主（住户）必须按规定有序地停放车辆。

2）自行车出入小区大门时须下车推行。

3）外来人员的摩托车和自行车原则上不得进入小区。

4）小区治安巡逻员要认真履行职责，发现车辆停放不整齐要及时整理。

5）业主自行车不得停放在单元楼道内。

（3）地下车库（位）管理规定

1）严格遵守市政交通管理规定，遵守各项车辆管理制度，确保“安全第一”的原则。

2）车库通道内禁止停放任何车辆。

3）车库通道、消防通道内禁止堆放任何杂物，确保车库通道和消防通道畅通。

4）车库内必须配备各种安全设施和标志、配备消防器材。

5）禁止把任何易燃、易爆、剧毒等危险物品带入地下车库。

6）禁止任何外来车辆、闲杂人员进入地下车库。

7）严禁任何货车、卡车、大型车辆进入地下车库。

8）车辆出入地下车库时，必须按规定的指示标识行驶。

9）车辆进入地下车库后，必须停放到自己的车库（位）内，严禁占道停放、私占他人车库（位），严禁压线停放。

10）车库内禁止鸣喇叭，须限速行驶，遵守车库停车标识，禁止涂改或覆盖车库内原有停车的标识和号码。

11）车辆进入地下车库停放后，必须关好车辆和车库门窗。

12）严禁在车库内清扫、清洗车辆及进行车辆维修、保养工作。

13）定时对车库进行清扫，定时打开车库内排风机进行通风换气。

14）定时对车库进行巡逻检查，对停放不到位、占道停放等车辆进行纠正。

15）因过失损坏他人车辆、公共设施等行为的，责任人应照价赔偿。

4. 应急预案

车辆管理应急预案主要是规范小区车辆停放服务过程中出现的突发事件的处理程序和

方法，维护车主和公司的正常权益，避免因处置不当给公司与业主带来损失，适用于小区车辆停放中突发事件的处理。

案例 6—4

某小区车辆管理方案

一、组织机构和职责

为了规范和加强机动车辆停车管理，切实改善本小区地下车位的使用率，促进地下车库的销售，特制定本方案。

二、主要措施

1. 停车场采取的措施

（1）凭卡出入，西门岗取消手动按钮，启用刷卡系统。

（2）配置人员并进行培训。

（3）分区管理。

（4）制作外来车辆登记表，现有 30 张，需购买车辆临时卡 60 张。

（5）项目对发生的突发事件，制定统一的答词，各部门管理人员要到现场做解释工作。

（6）下发通知让广大车主朋友知道。

2. 硬件问题的解决和配合

（略）

3. 基本应对措施

（1）如发现有车主因为拒交车位费及临时停车费而堵门的情况，第一时间应拍照取证，然后通知安全员使用拖车器进行拖车，同时用车锁把车锁上。

（2）如在拖车期间和车主发生争执，应理智处理，并耐心和车主解释。

（3）如堵门期间造成其他车主不能正常出入，应耐心解释想办法解决，切勿不理不睬。

三、实施步骤

1. 宣传通告

4 月 10 日前本物业服务中心将加强车辆停车管理的信息宣传，以“温馨提示”“通知”及“关于规范停车场管理致业主的一封信”等形式通知给广大车主，希望广大车主给予配合。

2. 定点画线，规范停放

五星地库停车位 218 个，除已出售和已出租的车位外，剩余车位 95 个，车位具体信息略。

3. 集中整治，规范收费

从4月1日起，进行为期一个月的集中整治，对不遵守有关车辆管理规定的车辆和恶意拖欠、拒交车位费的客户，将加大监管和处理力度。车位费的征收根据物价局核定标准，具体如下：

(1) 租用车位350元/月；

(2) 临时停车90分钟内免费，超过90分钟的按10元、过夜20元收取；

(3) 已卖车位每月50元车位维护费。

4. 明确职责，部门联动

物业服务中心各部门要紧密配合，争取15天的时间里完成这次启动任务，具体分配略。

四、突发事件处理

(略)

五、园区车辆管理规定

(略)

第3节　环境管理方案

良好的生活和办公环境，是体现物业服务水准最直观的指标之一。创造良好环境，是物业服务项目环境部门的工作职能。物业环境管理主要包括物业服务区域内物业共用部位、共用设施和场地等的清洁卫生、园林绿化和卫生虫害防治等管理服务。

一、保洁管理方案

保洁管理方案主要包括组织架构、岗位职责、行为规范、工作标准、作业规程等。方案的制定一定要按照物业服务项目的性质和特点确定，内容、标准以及工作规程要区别对待。下面各项内容均以住宅小区的保洁管理为例。

1. 组织架构

保洁部门一般由保洁主管、领班（班长）、保洁员（机动保洁员）等岗位组成，如图6—5所示。

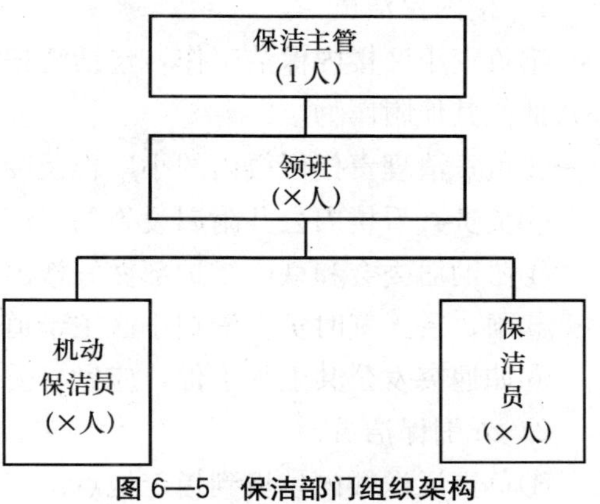

图6—5　保洁部门组织架构

2. 岗位职责

(1) 保洁主管职责

1) 对项目经理（管理处主任）负责，负责本物业服务项目全面工作，拟定物业服务项目规章制度、工作标准、工作程序，编制项目年度工作计划，明确各岗位职责。

2）统筹统划，统一调配本项目人员及清洁机械设备。

3）负责制定清洁服务规范，并组织实施。

4）负责定期、不定期检查卫生、消毒等工作，评定本部门员工工作情况。

5）负责定期巡视管辖区，检查各项卫生指标完成情况，消除脏乱差等不良现象。

6）负责按标准对清洁工作量化考核，预防和纠正不合格事项。

7）根据不同的季节，组织制定并实施保洁、绿化计划。

8）负责配合各部门做好本项目员工的培训与考核工作。

9）直接对本项目安全工作负责。

10）负责协调各部门工作。

11）负责客户特约服务工作。

（2）保洁领班职责

1）接受主管的督导，向主管负责。

2）分配每日工作任务，编制每周清洁物品的领用计划，检查每日清洁物品的存量，开源节流，控制消耗，填写有关记录、日志及表格，上报主管。

3）每日坚持巡岗，检查员工的工作区域，填写日工作检查表，并呈报主管。

4）监督员工工作情况，使清洁效果保持公司的标准，达到高效率。

5）对新员工和在职员工进行所有清洁规程和正确使用清洁机械及工具材料的培训，使之能正确使用、保养清洁机械、设备及使用化学洗涤剂。

6）带领员工按时完成各项清洁任务，完成主管交办的其他任务。

（3）机动保洁员职责

1）负责公共管理辖区地面、墙面、玻璃、顶棚、电梯、楼梯等全面的清洁工作。

2）严格执行操作规程和安全管理规定，并负责对所使用机械设备及各类工具进行整理、清洁、维护。

（4）保洁绿化员职责

1）楼内保洁员

①负责小区楼内保洁工作，包括清扫地面、墙面，擦拭楼梯扶手，擦洗门窗及楼道内公共部位其他附属物。

②负责清理责任区楼内的小广告及废弃杂物。

③负责查看楼内公共附属设施的损坏情况，发现问题，及时报修到客服中心。

④协助居委会和秩序维护部做好楼内治安工作，制止乱发传单。

⑤雨、雪天气时负责清扫小区主干道路的积水或积雪。

⑥如遇突发公共卫生事件，应做好公共部位的通风、清洗和消毒工作。

2）外围保洁员

①负责运送楼内垃圾到指定地点。

②负责住宅楼房屋平台等各处固体废弃物的清理工作。

③负责住宅区自行车棚内的车辆摆放及地面清洁工作。

④负责定期灭蚊蝇等工作。

⑤协同楼道保洁员工做好楼道内的杂物清理工作。

⑥雨、雪天气时负责清扫小区主、干道路的积水或积雪。

⑦发现破损的井盖，应及时向保洁班长报告。

3. 保洁员工的行为规范

保洁人员要遵纪守法，遵守公司的各项规章制度，按时在岗，不擅离职守，上班时间穿工服并戴胸卡等。同时，也可根据物业服务企业或项目自身的实际情况详细制定保洁员工的行为规范。

4. 工作标准

必须根据物业服务项目的性质和特点来确定，不同类型的物业服务项目对清洁管理的内容和标准必然会有所区别。对于物业服务项目的保洁管理更应该强调区域内的公共环境。

（1）室内卫生标准

1）各公共区域内的地面、墙面、电梯厅、垃圾桶、玻璃及各种设施外表等方面达到合同约定的标准，具体内容视项目情况而定。

2）卫生间内的便池、洗手盆、镜台、镜面、地面、厕纸篓、垃圾桶等设施依照合同约定制定标准。

3）楼梯、扶手、栏杆及楼梯通道、墙上各种设施达到合同约定标准，具体标准视项目情况。

（2）外围卫生标准

所管区域地面和道路、绿化带、花草盆等达到相应标准。

5. 作业规程

通过规范作业规程，确定工作内容和职责，确保管辖区域的卫生清洁、保洁工作。

（1）室内公共区域作业规程

1）职责

①保洁主管负责室内清洁计划的制定、组织实施和质量监控。

②保洁领班负责协助经理检查、组织实施清洁、保洁工作。

③保洁员负责依照本规定进行室内保洁工作。

2）工作程序

①室内公共区域。保洁主管应根据节假日的客流量、气候等规律制定出每月工作计划。室内公共区域计划应包含以下内容：一般情况下的清洁频率及人手配备，节假日、下雨天的清洁频率及人员组织。

②大堂。每天早上用吸尘器吸干净地面；用尘推将地面推尘，每天次数视客流量而定；擦拭茶几、台面及摆设、沙发、灯座及指示牌等公共设施；及时更换有烟头的烟灰缸并清洗干净；雨雪天，门口要放防滑告示牌并增加拖擦次数；下班前应把垃圾清倒干净；每周

擦拭墙面一次，玻璃保持洁净无痕迹。

③梯间通道。每天清扫一次各楼层通道和楼梯扶手台阶并拖洗干净；将垃圾收集运到楼下垃圾中转站；用干净毛巾擦抹各层和通道的防火门、电梯门、消防栓柜、玻璃窗内侧、灯具、楼梯扶手、护栏、墙面、墙根部分踢脚线、指示牌等公共设施，应保证每天循环保洁一次；清理电梯口和通道摆放的烟灰缸内的垃圾和烟头；各梯间、通道的壁面、天花板应每月进行一次除尘；大理石地面和水泥地面应每月刷洗一次（视需要增加清洗次数）。

④电梯。保持电梯轿箱地毯的清洁，每天要用吸尘机吸净边角位和电梯门轨的沙粒、灰尘；每天早上更换一次地毯，必要时增加更换次数；对电梯门、轿箱的不锈钢、镜面装饰物进行循环保洁，镜钢用麂皮擦抹；关上电梯门，用不锈钢光亮剂清洁电梯门及不锈钢部分。

⑤卫生间。每天早上对公用卫生间进行深度清洁一次：打开门通风，用水冲洗大小便器、洗净烟灰缸；清扫地面垃圾、清倒垃圾篓垃圾、更换新的垃圾袋后放回原处；用清洁剂均匀喷洒在洗手盆及大、小便器上，用毛刷刷洗大、小便器（如是坐便，注意清洁两块盖板及底座卫生），用百洁布擦洗洗手盆，然后用清水冲干净；用毛巾从门开始顺时针方向依次将墙面、台面、开关、门窗标牌等抹一遍；先用湿布擦窗玻璃和镜子，然后用干净毛巾擦干净。

（2）停车场和地下室作业规程

1）每天清扫一次停车场、地下室内的纸屑和垃圾。

2）将墙面以及所有箱柜和器具上的灰尘擦拭干净。

3）及时清除地下室进出口处的垃圾，以免下水道堵塞。

4）用拖把拖去灰尘保持场地清洁。

5）发现油迹、污迹、锈迹时，应立即用清洁剂擦洗干净。

（3）垃圾收集处理作业规程

1）职责

①保洁主管负责垃圾回收工作的组织、检查和监控。

②保洁领班负责协助主管巡回检查垃圾回收工作的完成情况。

③保洁员负责具体实施垃圾回收清洁工作。

2）工作程序

①垃圾收集处理时间。保洁员应依照规定时间进行所辖区域垃圾的收集。

②生活垃圾的处理。梯间保洁员在清洁梯间时，少量的垃圾可倒入门口的垃圾桶内，量大的垃圾应直接运送到垃圾中转站内。路面清洁人员在清洁路面时，应将收集的少量垃圾直接倒入垃圾袋内。

③垃圾桶的清理。保洁员应负责所辖区域垃圾桶内垃圾运送回收工作；保洁员应巡回收取垃圾桶内的垃圾，保证垃圾桶内呈半空状态，方便业主使用；回收垃圾桶内垃圾时，应先将垃圾桶内的胶袋提出放进垃圾车，再重新铺好新的垃圾袋；铺垃圾袋时应将垃圾袋口完全张开，袋口反卷5厘米折贴在垃圾桶外沿，再盖紧垃圾桶盖；将垃圾运送到垃圾中

转站存放；有回收利用价值的垃圾应拣出分类存放。

④有回收利用价值垃圾的处理。垃圾运送人员对有回收价值的垃圾应及时拣出并分类存放；将回收存放的有价值垃圾汇总存放后定期出售；出售回收垃圾时，垃圾中转站当值保洁员、领班应到场；所得款项由保洁部领班填写收据一式两联，一联由领班留存根，一联交主管登记入账，现金由主管负责保管。

⑤垃圾中转站的垃圾处理。垃圾中转站应设置在不影响大厦环境的地方；垃圾中转站的垃圾应每天清运一次；保洁员应负责垃圾中转站周围的卫生，保证垃圾中转站里的垃圾存放整齐，地面无散落的垃圾；保洁员负责每天一次冲洗垃圾中转站地面，每天应对垃圾中转站进行一次消杀工作。

除以上作业规程外，还有清洁工作质量检查规程、保洁部巡检制度、安全管理规定及应急预案等相关规定。

案例 6—5

某物业项目保洁服务方案

清洁保养是物业管理的重要组成部分之一，是体现物业管理水平的重要标志。高质量的物业清洁保养为业主或用户提供整洁、舒适、优美的工作环境与生活环境。而且，通过清洁保养，可以延迟和减缓物业装饰物表面的自然老化及人为磨损，延长物业再装修翻新的周期，既经济又能保持物业美观。我们将对小区的清洁卫生、绿化等项目提供高标准的服务，努力营造一个舒适、整洁、明亮的居住环境，我公司实行 16 小时两班组保洁制度，早晨 6 点上班，晚上 10 点下班。为保证本小区的卫生达到要求，每日的卫生全面清扫在人流低谷时进行，尽量减少对业户的影响。

一、小区保洁状况

1. 小区清洁面积

（略）

2. 检查标准

（略）

3. 小区清洁类别

小区清洁类别包括楼内大堂清洁、电梯清洁、楼层电梯通道清洁、消防楼梯清洁、楼层内窗户清洁、楼层设施清洁、花园清洁、车库清洁、露天公共场所设施清洁、广场地面清洁、水景清洁、外围马路清洁、垃圾的清收等。

4. 保洁难点

目前保洁班保洁难点是高位清洁、车库管道清洁。因为清洁内容是高位，必须使用高梯辅助作业，因此保洁人员必须为男性。

5. 专项外包

为加强专项工作效果，以后将把部分专项工作进行外包管理，如环境消杀、垃圾清运、化粪池清理、外墙清洗。

6. 消杀

(1) 小区消杀时间：每周固定时间对小区外围及楼道进行全面消杀。

(2) 消杀程序：分承包人员消杀时由我方人员陪同，消杀结束后由双方当事人签名确认。

7. 化粪池清理状况

由指定保洁员每月定期对化粪池进行一次检查，每年由指定分承包方对化粪池进行清理一次。

8. 垃圾清运

(略)

二、工作目标

(略)

三、人员编制

(略)

四、保洁岗位操作规范

1. 清洁机械使用、保养、管理程序

(略)

2. 检查频率

(1) 保洁班长负责每日至少3次对各岗位进行检查。

(2) 保洁主管每日至少1次对岗位进行抽查。

(3) 管理处主任每半月至少1次对保洁岗位进行抽查。

3. 工具保养计划

由指定保洁员定期对保洁工具进行保养，及时向班长汇报工具磨损情况。发现损坏及时请技术人员进行维修。

五、保洁应急方案

1. 遇到参观活动时

保洁班长接到通知后，立即对小区外围进行巡视检查，并通知相关岗位责任人，对于重点部位加大人员清洁频度，特殊情况下安排人员协助。如提前知道应尽量不安排清洗地面、冲洗地面的一些工作。如发现地面有积水，应及时将水清洁干净，保证地面无水迹。

2. 社区活动日

主管要提前安排人员对现场进行清洁，同时在现场处加放垃圾桶等。活动中，应安排保洁员对现场卫生进行清洁维护。活动后应及时对现场进行清洁，确保现场的卫生状况。

3. 暴风雨、水管爆裂等意外情况

(1) 环境主管巡查、督导各岗位清洁员的工作，加强与其他部门的协调联系工作。

(2) 暴风雨天气时清洁人员应勤检查雨污水井，增加清理次数，确保其畅通无阻。

(3) 各岗位清洁员配合秩序维护员关好各楼层的门窗，防止风雨刮进楼内，淋湿墙面、地面，防止打碎玻璃。

(4) 仓库内应备好雨衣、雨靴、铁钩、竹片、手电筒，做到有备无患。

4. 楼层内发生水管爆裂事故

(1) 迅速关闭水管阀门，并迅速通知秩序维护和维修人员前来救助。

(2) 迅速用扫把扫走流进电梯厅附近的水，控制不了时将电梯开往上一层，并通知维修人员关闭电梯。

(3) 如房间浸水，应先抢救房间、楼层内的物品资料。

(4) 用垃圾斗将水盛到水桶内倒掉，再将余水扫进地漏，接好电源，用吸水器吸干地面水分。

5. 注意事项

(1) 梅雨天气作业时宜穿胶鞋，不宜穿硬底鞋，以防滑倒。

(2) 暴风、暴雨天气时注意高空坠物。

二、绿化管理方案

良好的绿化养护管理是保证物业服务项目环境营造的一个重要因素，物业服务企业要根据物业服务项目的实际情况和特点结合植物的栽培和布置，为业主创造良好的工作生活环境。绿化管理方案主要包括组织架构、岗位职责、管理制度和质量标准等。

1. 组织架构

物业服务企业的绿化部门一般隶属于保洁部门，在保洁领班的直接管辖下，物业项目内绿化员工配置随接管面积变化而改变，人员配置标准一般为 2 000 米^2/人。绿化部门的组织架构如图 6—6 所示。

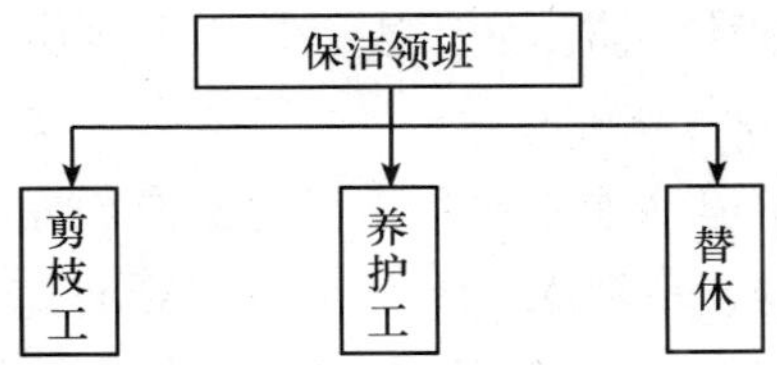

图 6—6　绿化部门组织架构

2. 岗位职责

(1) 领班职责

1）对主管负责，接受主管的工作安排和监督。

2）熟知管辖区域内绿化分布情况，植物的品种、习性和养护要点。

3）组织班组员工开展日常的绿化养护工作，根据工作计划合理调配人员。

4）检查员工的出勤情况和员工的仪容仪表，督导员工遵守公司相关制度。

5）每日巡视所辖园区各岗位绿化状况并做记录。

6）负责新员工的入职引导，并检查所有岗位的实施情况。

7）积极了解员工思想动态，及时将有关信息上传下达。

8）负责合理控制班组月度物耗，定期做好申购计划。

9）完成每周的工作计划和工作总结，并组织实施周计划。

10）负责每周一组织绿化工作例会。

11）负责定时整理、收集各种记录并上交存档。

12）完成领导交办的其他任务。

（2）绿化员岗位职责

1）熟悉小区绿化布局及各区域绿化养护状况，负责组织开展小区园林绿化维护、养护等各项工作。

2）熟悉小区内各种植物的品种名称、习性，负责对整个小区绿化工作全面统筹管理，合理布置花木，创造优美植物景观，发挥绿化生态环境效益。

3）定期向管理处报告本部门存在问题，提交工作计划、工作总结、工作改进方案、工作情况，问题严重不能立即解决的，及时向上级汇报。

4）负责根据本地花木不同生长特性，制定工作程序和养护计划并组织实施。

5）负责绿化部员工定期或不定期的培训工作，学习业务知识，提高养护、管理水平。

6）抓好部门的环保意识建设，关注环境影响，节约能源，防止污染。

7）做好绿化工的考核、调配、考勤和日常管理工作。

8）填写和协助收集绿化部管理操作记录，做好统计分析、改进、创新等工作。

9）按时完成上级交办的其他任务。

（3）绿化工岗位职责

1）熟悉小区的绿化布局和个人包干地区的职责范围，以及花草树木的品种数量，并逐步掌握花草树木的种植季节、生长特性、培植管理方法等。

2）对花草树木定期清除杂草、防治病虫害、松土、施肥、浇水，并修理枯病枝等，更换死亡苗木。

3）接受专业技术培训和学习，虚心学习，努力工作，提高自身素质。

4）确保绿化场地不留杂物、不缺水、不死苗，遇到有违章违法行为要及时加以劝阻，不听劝阻的要及时报告秩序维护员和绿化领班，协助对其劝阻和处置。

5）负责季节性植物及地被植物的繁殖、培育等工作。

6）服从领班的工作安排，并做好整个包干区域内的绿化养护工作。

7）接受主管人员和各级领导对绿化工作的巡视检查。

第六章

8）按时完成领导交办的其他任务。

3. 管理制度

（1）绿化日常养护工作内容

1）草坪养护服务

①浇灌、排水。用土钻检查草坪土壤干湿程度，及时进行浇灌；使用专用水管进行浇灌，浇灌应湿透根系层；浇灌时期和浇灌时间可根据当地气候、季节、植物本身特点等确定浇灌次数。

②修剪。草坪长到70～80毫米时，草坪养护负责人员应予修剪，草坪修剪后高度为60毫米左右。

③清除杂草、杂物。与管理区域的草坪草形态不符的杂草，养护人员应及时进行清除，清除杂草作业分人工除草和化学除草。一周后，对未清除的部分杂草，可通过人工除草的方法进行补除。

④施肥。视当地气候、季节、植物特点等情况制订施肥计划。

⑤病、虫害防治。病、虫害防治应以防为主，防治结合。

2）树木养护服务

①浇灌、排水。夏季浇灌宜早、晚进行，冬季浇灌宜在中午进行，浇灌要一次浇透，尤其是春、夏季节。如暴雨后一天内，树木周围仍有积水，应予排水。

②中耕、除草。树木根部附近的土壤要保持疏松，易板结的土壤在蒸腾旺季应每两个月松土一次；乔木、灌木周围大型野草，应结合中耕进行铲除，特别注意铲除具有严重危害的各类藤蔓；中耕、除草宜在晴朗或初晴天气，且土壤不过分潮湿的条件下进行。

③施肥。树木休眠期可施基肥；一般乔木胸径在15厘米以下的，每3厘米胸径可施堆肥0.5千克；胸径在16厘米以上的，每3厘米胸径施堆肥0.5～1.5千克。树木青壮年期欲扩大树冠及观花、观果植物，可适当增加施肥量；乔木和灌木均应先挖好施肥环沟，其外径应与树木的冠幅相适应，深度和宽高均为25～30厘米；施用的肥料种类应视树种、生长期及观赏等不同要求而定；早期欲扩大冠幅，宜施氮肥，观花、观果树种应增施磷钾肥；施肥宜在晴天。

④修剪、整形。树木应通过修剪调整树形，均衡树势，调节树木通风透光和肥水分配，调整植物群落之间的关系，促使树木茁壮生长，各类绿地的乔木和灌木的修剪以自然树形为主。

⑤补植树木。树木缺株应尽早补植；落叶树应在春季土壤解冻以后、树木发芽以前补植或在秋季落叶以后、土壤冰冻以前补植；针叶树、常绿阔叶树应在春季土壤解冻以后、树木发芽以前补植，或在秋季新梢停止生长后、降霜以前补植；补植的树木，应选用原来树种，规格也应相近似，如改变树种或规格应与原来的景观相协调，补植行道树树种应与同路段树种一致。

⑥枯死植株的挖除。结合补植工作对枯死植株进行调整；挖除枯死植株作业，应事先报市政园林主管部门审批，任何单位与个人无权擅自挖除。

3）花坛、花境养护

①花坛的养护。根据天气情况，保证水分供应，宜清晨浇水，浇水时应防止将泥土冲到茎叶上；做好排水措施，防止雨季积水；应及时做好病虫害防治工作；花坛保护设施应经常保持完好；花坛内应及时清除枯萎的花蒂、黄叶、杂草、垃圾；及时补种、换苗。

②花境的养护。及时修剪、整枝，花后及植株休眠期一级残花枯枝量不得大于15%，二级残花枯枝量不得大于20%；每年休眠期可适当耕翻表土层，施加有机肥；及时做好病虫害防治工作，每年在春、夏季进行预防性喷药各一次；落实日常养护，做到立姿目视无杂草、垃圾。

（2）行为规范

1）路遇业主或同事要主动问候。

2）不得对业主、同事说粗话或脏话，注意言行举止。

3）在较窄的过道上或小路上遇到业主时，应主动停下自己的工作，靠右边站立让路，并向业主微笑着问候。

4）行走时，不允许随意与业主抢道穿行，应尽量靠路右边行走。

5）正在进行喷药等作业时如有业主或其他人经过，应立即停下避让或向其他方向施药。

6）浇灌水作业时，要避免水管破口处朝向路人。

7）上班前严禁喝酒或吃异味重的食物（如大蒜等）；上班时间不允许吃零食、吸烟，玩弄个人小物品或做与工作无关的事情。

8）在日常工作中，应使用10字基本礼貌用语：您好、请、谢谢、对不起、再见。

9）在业主家或办公区工作时，应做到“三轻”，即操作轻、走路轻、说话轻。

10）在参加公司会议或培训时，必须遵守相关的会场纪律（如手机开为振动或关机、不允许私下交头接耳等）。

11）在住宅小区或办公区操作发出噪声的机具时，必须在管理处规定的时间内进行。

4. 质量标准

（1）草坪管养标准

1）生长旺盛，草坪整齐雅观，无枯黄叶，区域覆盖率达95%以上，杂草率低于5%，无坑洼积水，无裸露地。

2）草地高度保持一致，边缘整齐。台湾草高度控制在10厘米以下，其他草种控制在30厘米以下。

3）无明显杂草，草种纯度达95%；无病虫害。

（2）灌木、花卉管养标准

1）生长旺盛，造型美观，无枯枝败叶；绿篱无断层，无明显杂草。

2）及时清理死苗，两周内补植或全部更换好。成活率达95%以上。

3）做好病害防治工作，以防为主，经常检查，及时发现及时处理。

（3）乔木管养标准

1）生长旺盛，枝叶健壮，行道树下缘线整齐。

2）修剪合理，整形效果与周围环境协调，主侧枝分布匀称、数量适宜。

3）对已经呈老化或明显与周围环境景观不协调的树木及时进行改植。

4）做好病害防治，以防为主，综合防治，经常检查，早发现早处理；单株危害率在5%以下。

5）无枯枝败叶，绿化垃圾当天清理。

案例 6—6

某小区绿化管理方案

一、目标

1. 总目标

绿地更新及时率98%；绿化存活率达到98%以上；残枝断叶控制率达98%；有专业人员实施绿化养护管理；及时修剪和补栽补种，无杂草、杂物；花卉、绿篱、树木根据品种和生长情况，及时修剪整形，保持观赏效果；定期组织浇灌、施肥和松土，做好防涝、防冻工作。

2. 绿化面貌

绿地内清洁、整齐，无明显病虫危害，无药害。

3. 土壤绿化性状要求

保持绿地土壤疏松、无积水，合理、有效施肥，增强土壤肥力，改善土壤理化性状。

4. 景观要求

根据管理区域绿地植物分布状况及生长的各个阶段，对植物群落合理养护，保持植物季相分明、色彩丰富、群落完整、层次得当、生长茂盛，营造管理区域优美的整体景观效果。

二、岗位职责及入职要求

1. 绿化主管

(1) 任职要求

高中以上文化程度，品行端正，工作认真负责，具有绿化养护知识，能识别各种花草树木，有一定的组织能力和表达能力。

(2) 主要职责与权限

负责本辖区的绿化养护工作；负责绿化员的工作安排；负责监督检查绿化工作；督促检查绿化员的内务卫生。

2. 绿化班长

(1) 任职要求

高中以上文化程度，品行端正，工作认真负责，具有绿化养护知识。

第
六
章

(2) 主要职责与权限。协助绿化日常管理工作；负责实施辖区绿化养护工作；负责执行绿化管理工作计划；负责监督下属的工作情况及时向上级反映；完成领导临时安排的其他工作任务。

3. 绿化员

(1) 任职要求

初中文化程度，品行端正，工作认真负责，具有绿化养护知识。

(2) 主要职责

做好本人区域的绿化养护工作；定期或不定期地对绿化进行检查巡视；完成领导临时安排的其他工作任务。

4. 绿化部员工培训计划

(略)

三、绿化工作规范

绿化工作规范包括绿化工作管理制度、绿化（地）养护规程和绿化员考核及奖惩制度，具体内容从略。

第 4 节 客户服务方案

客户服务部具有协调、沟通、公关、服务等职能，是物业服务企业对客户服务的执行与反馈并提供多种直接服务的部门（岗位）。客户服务部的主要服务内容有：受理业主投诉；受理业主入住手续；办理业主室内装修及装修验收的申请手续；办理项目出入证（临时出入证等）及车辆停放手续；办理、补充业主资料信息；接待业主投诉，受理业主服务要求，做好业主的回访工作；负责做好物业服务项目的业主满意度调查工作等。

客户服务方案的主要内容包括组织架构、岗位职责、质量目标、管理制度、工作流程等。

一、组织架构

客户服务部主要由客户服务部主管负责，下设客服前台、客服专员、事务专员、前台收费员等岗位，也可按照项目管辖的面积以及业主数量灵活掌握，符合合理、节约费用的原则。客户服务部组织架构如图 6—7 所示。

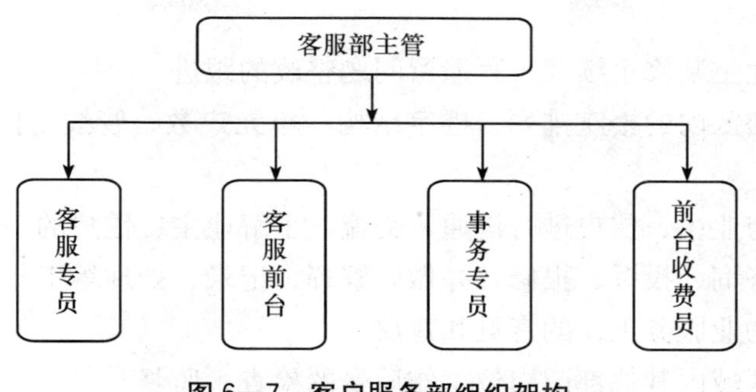

图 6—7　客户服务部组织架构

二、岗位职责

1. 客户服务部主管岗位职责

(1) 认真执行物业服务相关法律法规和物业服务企业各项规章制度，不断提高自身素质和工作、领导能力。

(2) 负责本部门工作手册的贯彻、实施，监督指导部门员工按规定的要求为业主、住户提供满意的服务，确保实现本部门的质量目标。

(3) 组织参与物业服务项目接管验收工作。

(4) 负责组织、协调部门员工的日常服务工作，确保分工合理、工作高效；协助客服专员做好物业管理、服务费用的催缴工作。

(5) 负责对装修图纸进行初审和装修后的核验工作。

(6) 负责辖区公共区域以及业主、住户装修现场的检查、监督。

(7) 负责制订本部门的工作计划、工作总结。

(8) 负责组织回访工作，并做好分析、汇总，提出纠正措施和改进建议。

(9) 负责对本部门员工的岗位技能进行培训和考核。

(10) 负责及时传达物业服务企业、服务中心的指示、要求及其他信息，做好本部门的沟通工作。

(11) 负责对本部门员工的工作质量监控。每天对部门人员各项服务工作进行检查、记录，及时反馈工作中出现的问题供上级决策，确保物业服务企业质量目标得以实现。

(12) 负责注意、观察、收集相关法律、法规及其他相关信息，并进行汇总、归档。

(13) 负责进行社区文化活动策划及组织。

(14) 完成领导交办的其他任务。

2. 客服专员岗位职责

(1) 遵守物业服务相关法律法规和物业服务企业各项规章制度，不断提高自身素质和工作能力。

(2) 按照本部门工作手册的要求，负责楼宇管理工作，负责物业服务项目接管验收、移交工作。

（3）负责办理业主装修手续及工程遗留问题整改的跟进。

（4）熟悉工作辖区内的楼座排列、楼宇结构、单元户数、管线走向以及设施、设备分布等基本情况。

（5）积极主动与业主、住户进行沟通、交流，了解业主、住户的基本情况。

（6）受理业主咨询、投诉、报修，并做好解释、记录、处理等工作，经常走访、回访，征询业主、住户对物业服务工作的意见和建议。

（7）负责责任区域内其他部门岗位工作质量的检查、监督。

（8）负责业主、住户室内装修管理，根据相关法律法规和物业服务企业规定监督、检查施工过程，制止违章行为，通知其整改或报请有关主管部门处理。

（9）负责物业服务费及其他服务费用的催缴工作。

（10）负责协助具体社区文化活动的开展。

（11）服务热情主动，言行举止文明礼貌，维护公司形象。

（12）做好日常工作记录，接受主管的考核。

（13）完成领导交办的其他任务。

3. 事务专员岗位职责

（1）遵守物业服务相关法律法规和物业服务企业各项规章制度，不断提高自身素质和工作能力。

（2）按照部门工作手册要求，负责服务中心的接待、文书、后勤等事务工作。

（3）熟悉辖区内的楼宇及业主的基本情况，多与业主、住户进行沟通、交流。

（4）负责处理服务中心收发文工作，草拟公文及日常工作计划表，并做好督促落实工作。

（5）负责服务中心各部门的员工考勤、考核表的统计、汇总，报公司行政人事部。

（6）负责做好服务中心客户资料档案、文件档案、合同和协议档案、工作联系往来书函等档案的登记、保管工作。

（7）负责服务中心物品入、出库的登记，负责服务中心办公用品的保管、发放；每月对仓库物品进行盘点并制订下月申购计划。

（8）负责服务中心员工食堂餐卡的发放、办公室清洁卫生等管理工作，并按时报销相关费用，为员工提供有力的后勤保障。负责服务中心各项会议、活动的布置、安排、接待等工作。协助开展各种宣传教育活动及社区文化活动，并进行宣传、策划、实施。

（9）做好日常工作记录，接受主管的考核。

（10）服务热情主动，言行举止文明礼貌，维护公司形象。

（11）协助完成本部门相关工作。

（12）完成领导交办的其他任务。

4. 客服前台岗位职责

（1）遵守物业服务相关法律法规和物业服务企业各项规章制度，不断提高自身素质和工作能力。

（2）负责前台接待工作，受理业主咨询、投诉、报修，并做好解释、记录、传递、跟进落实和回访等工作。

（3）熟悉辖区内的楼宇及业主的基本情况，多与业主、住户进行沟通、交流，征询业主、住户对物业管理工作的意见和建议，并上报领导。执行交接制度，严格交接手续，对重点情况重点交代，保证工作的准确性和连续性；爱护办公设备，确保接待区域的整洁。

（4）负责物业服务项目入伙手续的办理、钥匙及相关资料的管理工作；负责办理装修人员出入证及小区物品进出管理。

（5）自觉遵守保密制度，不得将业主、住户资料，公司内部工作情况，各设施的运行情况等对外宣传、透露。

（6）做好日常工作记录，接受主管的考核。

（7）协助完成本部门相关工作。

（8）服务热情主动，言行举止文明礼貌，维护公司形象。

（9）完成领导交办的其他任务。

三、质量目标

主要通过完成各项工作的比例来确定工作质量目标。例如，投诉事件的处理及时率在98％以上；对部门服务的满意度在95％以上；意见征询和回访率在90％以上；部门内的各项资料和表格填写认真，完整率达到100％；员工做到100％持证上岗；季度培训考核合格率达100％等。同时，设立部门服务监督电话，及时收集外部意见和建议。

四、管理制度

1. 严格的管理制度

管理制度对于一个服务团队的运作是不可或缺的，没有匹配的管理制度就不可能产生优质的服务，客户服务部门制定本部门的管理办法，如前台接待手册、投诉处理程序、交接班管理制度、服务费收缴程序等。

2. 员工的行为规范

良好的专业服务技能，优质的服务态度，语言得体，注意仪容仪表，严格执行企业规定的行为准则，微笑服务，爱岗敬业。

五、工作流程

1. 客户服务前台信息传递流程

通过在现场岗位的安防人员、技术人员、服务人员等在日常工作中与业主沟通，收集顾客的信息；通过前台或事务助理在日常工作中收集顾客的信息；通过与顾客访谈、居家服务回访、顾客恳谈会等形式，了解到顾客的一些需求、爱好、特长等，收集顾客好的建议及意见。客户服务前台信息传递流程如图 6—8 所示。

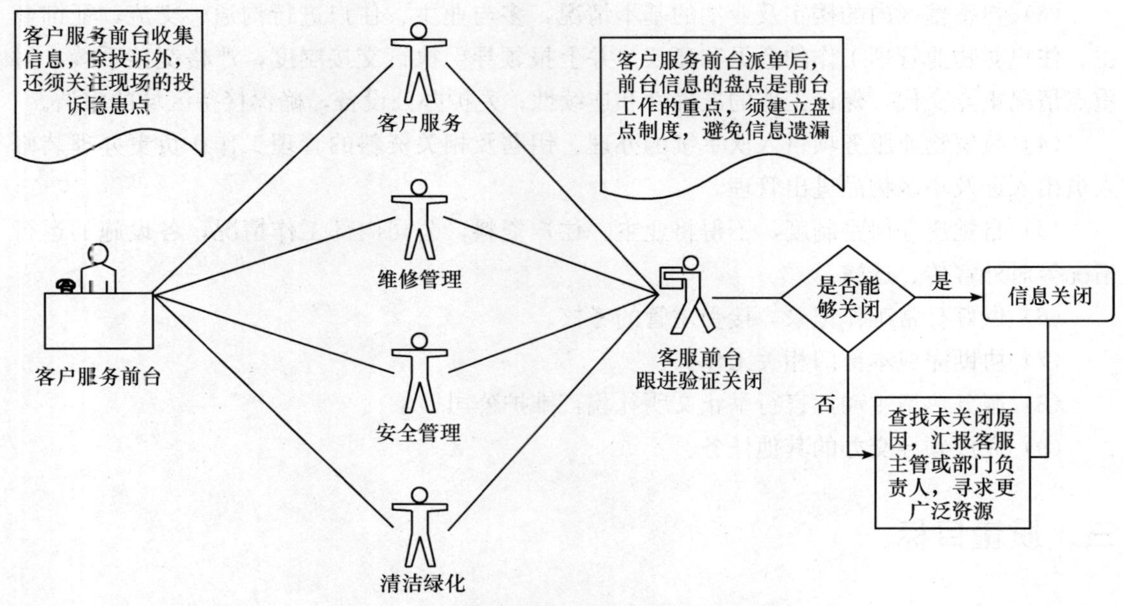

图 6—8 客户服务前台信息传递流程

2. 投诉报修流程

客户投诉报修流程可分为来访和来电两种流程。

(1) 来访接待流程

来访接待时应主动招呼，热情接待来访业户，礼貌询问业户的姓名、住处，并仔细、耐心地听取业户来访原因，做好管理处日工作记录，能处理的项目当即落实解决，不能处理的项目当天交部门负责人，由部门负责人决定处理办法，并交相关人员完成。处理结束后，在《客服接待登记表》上填写处理情况。

(2) 来电接待流程

来电接待时，应保证热线电话畅通。接听电话时，应先问候对方"您好"，然后告知对方本公司本部门名称，同时做好记录准备；做好来电接待记录。

投诉报修流程的详细内容如图 6—9 所示。

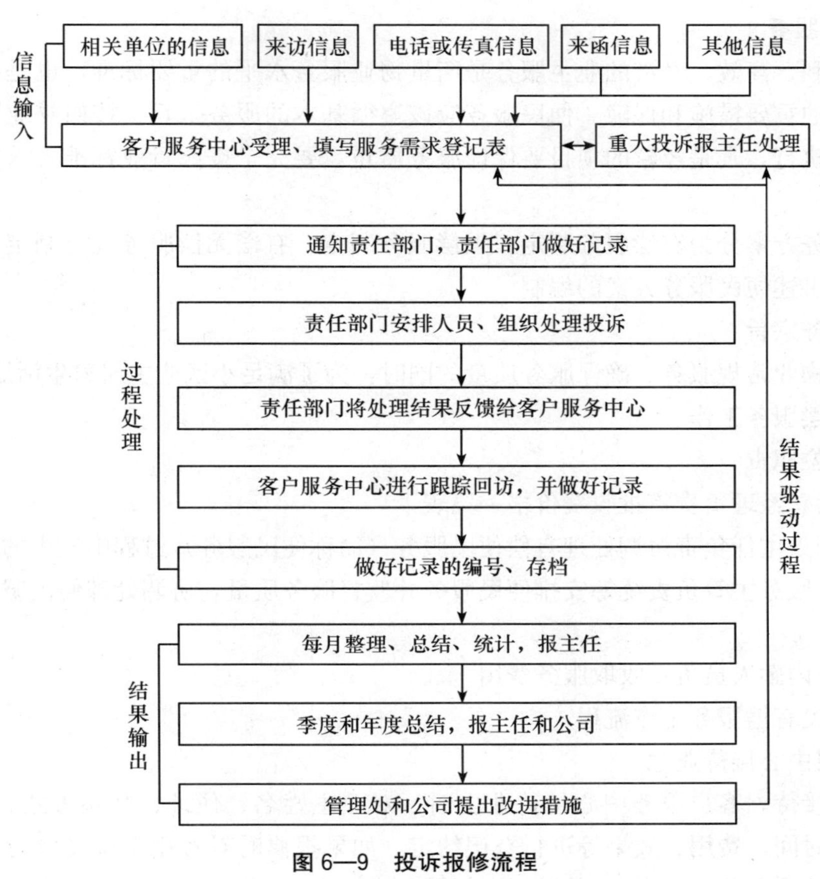

图 6—9　投诉报修流程

第 5 节　便民服务及社区文化建设方案

提供全方位的便民服务也是物业服务的重要内容之一，但物业服务是一种微利的行业，较低的行业风险和较低的行业门槛吸引了大量资金和人员进入，资本对利润的追逐加深了企业之间的竞争，推动了市场化进程。因此，便民和经营的理念同时摆在物业服务企业面前。

一、便民服务及经营管理

物业服务企业应为业主提供与生活、工作、生产相匹配的服务，包括商业网点、文化教育、卫生、娱乐、体育等公共设施的建立、开设和经营，以及为方便业主生活而开展的多种特约便民和经营服务。

1. 便民服务

提供便利、高效、经济的业主服务是衡量物业服务水平的重要标准，也是提高小区业主生活质量的重要措施和保障。便民服务应该遵循基本的服务宗旨，按照物业服务的原则和标准严格执行，凡是经营的项目要保证服务质量，要完全按照行业标准要求完成，做到保本微利。

便民服务方案分为有偿服务制定、无偿服务制定、有偿无偿服务混合制定。本节以有偿服务为例讲述便民服务方案的编制。

（1）服务宗旨

在做好物业常规服务、确保服务质量的同时，为了满足小区业主居家生活服务的需求，开展便民有偿服务工作。

（2）岗位职责

1）公司总经理负责审批收费价格一览表。

2）管理处主任负责协调处理有偿便民服务（简称便民服务）过程中发生的重大问题。

3）客户服务主管负责统筹安排便民服务并监督服务质量，协调处理便民服务过程中的一般问题。

4）财务内勤人员负责收取服务费用。

（3）便民有偿服务工作流程

1）客服中心接待业主

①来访接待。客户服务中心接待业主时，对业主姓名、住址、联系方式、报修内容、方便维修的时间，费用、效果等进行登记约定（如果报修时对费用有疑义可与工程或者保洁主管协商后再与业主约定），并填写有偿服务登记表。

②来电接待。认真听取和记载业主来电内容，详细回答业主提出的问题，对于专业性较强的问题，应先详细记录，咨询涉及有偿服务相关部门人员后约定时间给予回复。

2）客户服务中心处理流程

①客服人员根据有偿服务登记表填写有偿服务通知单，一式三联，一联交财务，一联交相关部门（工程或保洁），另一联存档备查。

②客服人员及时通知工程部或保洁部主管，安排人员携单在约定时间上门为业主服务。服务完毕，由业主或住户对服务工作进行验收；验收合格后，在有偿服务通知单上签字确认，客服人员收取约定的服务费用，开具票据（可事先由客服部出具，由施工人员携带），当日下班前集中将现金上交财务部。

③客户服务中心根据有偿服务登记表和有偿服务通知单上的服务内容进行及时回访，回访中发现问题及时通知相关人员无偿进行返修直至业主满意。

④客户服务中心对每月有偿服务情况进行汇总、统计，并将统计结果与财务部、工程部、环境部进行核对，然后将结果报行政部，作为绩效考核依据。

（4）便民有偿服务工作规范

1）印制购买各种表格、发票，建立账目，做到公开、透明、公平、公正，不得暗箱操作。

2）上门服务工作人员，必须做到文明礼貌，具体要求如下：

①服务人员要佩戴工作牌，仪态端庄，言行举止文明礼貌。

②进入业主家门时，必须轻轻敲门（或短按门铃），业主回音后，礼貌而简要地自我介绍，得到业主许可后，方可进入。

③进入业主房间须戴鞋套（或塑料袋胶套），一般情况不在业主家里喝茶、吸烟，进入业主家里后要出示有偿服务通知单，与业主核对要服务的项目和内容。操作时要征求业主意见，充分了解情况，尽量满足业主的基本要求。

④不得随意动用业主的任何物品，不得借参观东张西望引起业主的反感，不得接受业主的吃请。

⑤由于服务工作需要，需利用业主的工具、物品等，须征得业主同意，并轻拿轻放，用完后做好卫生，放还原处。

⑥操作结束后，要征求业主意见，并请业主在有偿服务通知单上签字确认，离开时要向业主礼貌告辞。

3）结束服务后，要将收取的现金及时交给客服人员；客服人员及时打电话回访，征求业主意见。

（5）便民有偿服务收费标准

物业服务企业提供的便民有偿服务收费，以当地有关部门的审批和市场价为标准。

案例6—7

某物业服务企业便民服务项目收费标准

某物业服务企业便民服务项目收费标准见表6—5。

表6—5 便民服务项目收费标准

类别	编号	项目内容	收费（参考价）	备注
居家类（维修服务）	1	安装排风扇	10～30元/部	不含材料，下同
	2	安装抽油烟机	25～50元/部	
	3	安装洗手盆	30～50元/个	
	4	安装空调室外机	100元/个	
	5	安装灯具、门铃等	10～50元/个	
	6	安装窗帘、纱窗	20～40元/扇	
	7	修理家具配件	10～100元/个	
	8	修理窗帘、拉窗等	10～50元/个	
	9	挂画、挂镜框	10～25元/幅	

续表

类别	编号	项目内容	收费（参考价）	备注
居家类（维修服务）	10	修理更换信报箱锁	10元/个	
	11	修理更换室内门把手	10元/个	
	12	修理抽屉、柜子、门合页	20～60元/扇	
	13	更换门密封条	免费	
	14	检修电路（简单维修类）	20～100元/次	
	15	修理更换开关、插座、电话盒	10～30元/个	
	16	修理更换灯泡、日光灯管、灯罩	10～30元/个	
	17	疏通下水管道	50～100元/次	
	18	洗脸盆、洗菜盆堵塞、渗水处理	10～30元/次	
	19	修理更换水阀、水龙头及各类软管	10～50元/次	
	20	马桶堵塞疏通/浮球修理	10～100元/次	
	21	铺设管道（电线管、水管）	12～15元/米^2	
	22	房屋装修咨询	免费	
	23	安装玻璃	30～100元/扇	
	24	安装洗手间洁具	30～100元/个	
	25	室内局域网络调试	30～100元/次	
	26	室内可视对讲维修	20元/次	
	27	修理、更换电表、水表等	30～80元/次	
	28	更换门锁芯	30元/次	
	29	电脑程序安装	30～50元/次	
	30	电脑维修	面议	
居家类（家政服务）	1	保姆服务	价格面议	
	2	清洗空调过滤网	15元/个	
	3	清洗玻璃	3元/米^2	
	4	房屋保洁开荒	2.5元/米^2	
	5	定期房屋保洁	单次15元/小时， 包月12元/小时， 包年10元/小时	
	6	皮沙发保养	30～100元/个	
	7	地毯清洗	8元/米^2	
	8	家具保养	根据类型不同价格面议	
	9	木地板打蜡	8元/米^2	
	10	大理石镜面保养	8元/米^2	

续表

类别	编号	项目内容	收费（参考价）	备注
居家类（家政服务）	11	熨烫衣物	10元/件	
	12	代送/取熨烫衣物	10元/次	
	13	床单、被单清洗	30～150元/套	
	14	清洗车辆	15元/次	
	15	代订/送快餐	5元/次	
	16	代做饭	面议	
	17	家庭宴会服务	面议	
	18	室内插花装饰	面议	
	19	消杀除害	30～100元/次	
	20	花木养护	10～50元/次	
	21	桶装饮用水代订	免费	
	22	废品回收	按市价	
居家类（搬运服务）	1	代搬家（用车）	面议	
	2	代搬家（不用车）	面议	
	3	搬运装饰材料	5元/米^2（每层增0.4元）	
	4	泥土清运	30～100元	
	5	搬运大件物品（家具、家电等）	20～300元/件	
	6	搬运建筑垃圾（房间搬到指定地点）	1.5元/米^2（每层增0.2元）	

注：上述费用不是最终价格，按市场价确定；上述服务的提供需要客户提前预约，具体提供时间由客户服务人员告知。

2. 经营管理

在物业服务的常规性服务之外，基于业主实际生活和工作的需要，对物业服务企业会提出更高的要求。从更广阔的方面来讲，物业综合经营服务是社会服务向物业管理区域内部的扩展。

（1）开展综合经营服务项目的条件

1）资金是开展综合经营服务必不可少的条件。在开展综合经营服务初期，企业自身实力不足的情况下，可以采取出租场地、招商引资、联营合作的形式，以减少企业自筹资金的压力。待资金积累达到一定程度，可以依靠自有资金、银行贷款来进行前期投入或启动项目。

2）房屋和场地。物业开发过程中，都会按相关规定建设配套的公共建筑设施，物业管理企业可以按照原设计用途对这些建筑和场地加以利用。很多新建建筑的底层、裙房就是规划设计中的经营场所，物业服务企业可以直接加以利用。如果物业管理辖区内的配套房屋和场地不能满足综合经营服务需要，需要新建扩建，就要特别注意合理选址，不能占用绿地、道路、广场、停车场（库）等已设定专门用途的用地和空间，避免损害业主的利益，引起纠纷。从物业的权属角度考虑，如果开展综合经营服务所需的房屋和场地的所有权属于物业服务企业，对其使用可以更加灵活；如果没有自有房屋和场地，可以考虑向开发商或业主租赁。

3）物业服务企业自身的条件。如果物业服务企业具有开展综合经营服务的经历，就应通过对以往业绩和经验、擅长的物业服务项目类型、经济效益等进行总结，扬长避短，充分发挥自身的优势与特长。如果是开发新的经营服务项目，可以通过向其他物业服务企业取经学习等方式，来开阔眼界、启发思路。

（2）开展综合服务项目的原则

除选择综合经营服务项目要对日常生活类项目、使用频繁项目、易损易耗品项目、中介项目、优势项目优先选择外，还要注意经营服务项目的布局：适当集中、符合人流走向、缩小服务半径、不扰民、不破坏环境、兼顾区内区外的位置。

（3）综合经营服务项目的形式

一般物业服务企业应以自己服务的多个物业服务项目为经营整体（合适时可包括其他企业服务的物业服务项目），采取特约性经营、配套性经营、资源性经营、多元化经营、跨行业经营等经营方式。

1）特约性经营包括家政性服务、代理性服务、代办性服务、商务性服务、上门服务等。

2）配套性经营包括商业网点经营和服务、文体娱乐服务活动、文教卫生经营活动、交通网点服务、便民服务机构等。

3）资源性经营包括车辆保管服务、场地租赁服务、专业咨询服务、专项委托服务和商业广告服务等。

4）多元化经营包括房屋中介经营、酒店餐馆经营、装修装饰经营、商务会所经营等。

5）跨行业经营包括专业公司经营、展销活动经营、电子商务经营等。

案例6—8

某物业服务企业各部经营项目简介

一、各部经营项目功能

1. 儿童天地

经营儿童娱乐器械及附带各类健康饮品、食物、幼童临时托管服务等。

2. 英式桌球室

经营国际标准英式桌球及附带培训班和各类健康饮品、食物等。

3. 乒乓球室

以经营国际标准乒乓球及附带培训班和各类健康饮品、食物等。

4. 发廊

经营美容、美发、纤体、香熏、保健等。

5. 棋牌室

以经营全自动麻将台、各类棋牌和用品为主，附设餐厅和卡拉 OK 功能及食品、饮料、小食等。

6. 健身中心

经营人体各部位健身器械、饮食、健康咨询及各类形体舞班和各类健康饮料、食物等。

7. 歌舞厅

经营卡拉 OK 和高品位表演及各类国际交谊舞培训班、团体会议、活动等，以及各类酒水、饮料、咖啡、小食品。

8. 茶艺馆

经营中式茶叶、茶具、茶点、小食、饮料、酒水，附带零售茶叶、茶具等。

9. 康乐活动区

经营网吧、计算机培训班，附带售卖各类饮料、食物等。

10. 餐厅

以经营泰国菜为主，附带中、西精髓菜式美点、即点即做茶市、自助餐、外卖、非黄金时间兼顾大堂吧功能。

11. 网球场

经营国际标准网球场及网球培训班和各类健康饮料、食物、用具用品等。

12. 游泳池

经营非标室外游泳池及各类游泳培训班和各类健康食物、饮料、用品等。

13. 便利店

全天 24 小时营业，经营日常用品。

二、各部营业时间和收费标准

各部营业时间和收费标准见表 6—6。

表 6—6　营业时间和收费标准

项目	营业时间	收费标准	备注
儿童天地	9：00—23：00	5 元/人 儿童临时托管 18 元/小时	逢星期一免费开放 儿童临时托管在营业时间内
英式桌球室	9：00—凌晨 2：00	普通日 23 元/小时 节假日 30 元/小时	押金 100 元或 以会员卡做保证抵押
乒乓球室	9：00—凌晨 2：00	普通日 18 元/小时 节假日 23 元/小时	押金 100 元或 以会员卡做保证抵押

续表

项目	营业时间	收费标准	备注
发廊	10：00—凌晨 2：00	20～85 元/方人	
棋牌室	9：00—凌晨 2：00	普通日 30 元/小时 节假日 35 元/小时	
健身中心	9：00—凌晨 2：00	单次票 38 元/人 30 次卡 260 元 季卡 500 元 月卡 180 元 中老年卡 3 200 元 终身卡 8 800 元	逢星期二 对业主免费开放
歌舞厅	19：00—凌晨 2：00	最低消费 38 元/位 团体活动白天 600 元起租/3 小时 晚上 1 200 元起租/5 小时	
茶艺馆	12：00—凌晨 2：00	按实际消费计收	
康乐活动区	9：00—凌晨 2：00	上网 3 元/小时 其他按实际消费计	
餐厅	7：00—22：30	按实际消费计	
网球场	7：00—12：00	普通日 40 元/小时 节假日 50 元/小时	租：球拍 20 元/（小时·对）， 配 6 个球
游泳池	7：00—12：00	25 元/（场·人） 成人月卡 320 元 儿童月卡 270 元	逢星期二 对业主免费开放
便利店	全天 24 小时	外包 8 000—9 500 元/月	

第六章

二、社区文化建设

随着社会的发展，社区文化已经开始走进人们的生活。社区文化是物业服务行业的重要特征，是创造良好人文环境和提高居民生活品位的重要手段，同时也是实施物业服务工作的润滑剂。

社区文化是为营造社区文明、高尚的文化环境，加强物业服务企业与业主以及物业使用人彼此之间的沟通和了解，维持相互关系的良好状态而进行的文化娱乐活动。社区文化并不是单纯指一些娱乐性的群众活动，而是一种整体性的社区氛围，随着观念的不断发展，社区文化反映了小区的生命力，关系到物业服务项目的升值和保值。社区文化的建设，不仅可以增加业主对所属物业服务项目的忠诚度，而且可以坚定潜在消费者的购买信心。

1. 社区文化建设发展目标

要切合实际，结合物业服务项目的实际情况满足业主的需求，营造良好的社区文化，创造文明、祥和的工作、生活环境。制定发展目标时，一般从管理、硬件的角度，要充分考虑业主的主动性、参与性。

2. 组织架构

以客户服务中心为枢纽，配备文化建设专员并由其他部门协助配合。

3. 社区文化的内容

（1）环境文化

社区环境是社区文化的第一个层面，它是由社区成员共同创造维护的自然环境与人文环境的结合，是社区精神物质化、对象化的具体体现。它主要包括社区容貌、休闲娱乐环境、文化设施、生活环境等。通过社区环境，可以了解社区成员理想、价值观、精神面貌等外在形象。如残疾人无障碍通道设施可以充分体现社区关怀、尊重生命、以人为本的社区理念。当然，园林绿化、休闲布局、写意的小品园艺等都可以营造出理想的环境文化氛围。

（2）行为文化

行为文化也可以称为活动文化，是社区成员在交往、娱乐、生活、学习、经营等过程中产生的活动文化。通常所说的社区文化，都是指这一类的社区文化活动。这些活动实际上反映出社区的社区风尚、精神面貌、人际关系范式等文化特征。如儿童节晚会、国庆节联欢会、广场交响音乐会、元旦千人舞会、重阳节文艺汇演、趣味家庭运动会、游泳比赛、新春长跑等。

（3）制度文化

制度文化是与社区精神、社区价值观、社区理想等相适应的制度、规章、组织机构等。同时，这些制度等对保障社区文化持久、健康地开展具有一定的约束力和控制力。制度文化可以粗略地分为两大类：一类是物业服务企业的各种规章制度，另一类是社区的公共制度。企业的规章制度和社区的公共制度都可以反映出社区价值观、社区道德准则、生活准则等。如奖罚分明可以体现在社区的严谨风格，规劝有加可以体现出社区的人性感悟等。为保障社区文化活动深入持久地开展下去，现在很多小区物业服务部门都成立的专门社区文化部，负责社区文化活动建设工作。社区文化部在引导、扶植的基础上成立各种类型的社区文化活动组织，如老年活动中心、艺术团、协会、表演队等，同时还对社区文化活动开展的时间、地点、内容、方式、程序等予以规范。

（4）精神文化

精神文化是社区文化的核心，是社区独具特征的意识形态和文化观念，包括社区精神、社区道德、价值观念、社区理想、行为准则等。这是社区成员精神观、价值观、道德观生成的主要途径。环境文化、行为文化、制度文化都属于精神文化的外在体现，例如，社区升旗仪式、评选文明户、学雷锋演讲等。由于精神文化具有明显的社区特点，所以往往要多年积累，逐步形成。

4. 社区文化建设的原则

（1）老与少相结合

“老与少相结合”是指社区文化建设应该抓住老人与儿童这两个大的群体，带动中青年人参与社区文化活动。

首先，社区成员中老人和儿童所占的比例较大。在很多小区，他们的比例占总人口的一半以上，这一群体自然要受到关注和重视。

其次，参与社区文化活动必须有充裕的时间。现代都市节奏加快，中、青年人的大部分时间都用于工作和围绕工作所进行的学习、交往上，没有更多的时间和精力参与社区文化活动；相反，老人和孩子时间宽裕。特别是老人，除了日常家务之外，有充足的时间参与社区活动。

再次，参与社区文化活动必须有强烈的需求。中、青年人当然也有，但是他们的渴望为繁杂的事务所限制，需求成了深层次的期盼；而老人和孩子的需求是最直接的，只要有环境，就可以实现。

最后，社区是老人和孩子实现文化需求的最主要的场所，他们的文化更具有区域性，对区域的关注和依赖远胜过中、青年人。中、青年更多的要参与区域外的文化实践，音乐厅、舞厅、咖啡屋等可能是其主要活动，要积极地加以扶植、引导、组织。

（2）大与小相结合

“大”是指大型的社区文化活动，需经过专门的精心策划组织，参与者众，影响面广，如体育节、艺术节、文艺汇演、入住仪式、社区周年庆等；“小”是指小型的社区文化活动，是指那些常规的，每日每周都可能开展的，又有一定的组织安排的社区文化活动，但是大活动对场地、经费、人员素质的要求比较高，而且要倾注大量的人力、物力，大活动过于频密，容易产生倦怠等负面心态，往往适得其反。一般大的活动以 2～3 个月一次为宜；小的活动要经常性开，铺得广一些，琴棋书画、天文地理、娱乐游戏、吹拉弹唱等都可以形成兴趣组织，渐进式地渗透发展。

（3）雅与俗相结合

“雅与俗相结合”是指社区文化活动应当注重社区成员不同层面的需求，既有阳春白雪的活动，又要有一般性的活动，高雅与通俗同在，崇高与优美并存。社区文化活动忌讳单调乏味，如果总是“炒剩饭”、单一，再多的活动也不会提起社区成员的兴趣，甚至会影响到社区成员对社区其他服务项目的不良评价。要求物业管理企业要充分做好社区文化调查工作，真正摸清社区成员在想什么。当然，社区文化之雅也不能曲高和寡，那样会失去文化的群众基础；俗也不可以俗不可耐，那样会导致社区文化的畸形发育。所以，社区文化的开展一定要做到雅俗共赏，不温不火。

（4）远与近相结合

“远”是指组织开展社区文化建设要有超前的意识，要有发展的眼光，要有整体的目标；“近”是指要有短期周密的安排、落实和检查。随着人们生活水平的提高和社会的不断进步，社区成员的价值观念、消费观念等都在悄悄地发生着变化。物业管理企业应把握时代的脉搏，以敏锐的目光洞察社区将要面临的变化，超前一步为住户提供服务。社区文化活动开展要有预见性，领先性。

5. 活动计划

社区文化建设的管理部门要制定好社区文化活动的计划和方案，并及时做好活动后的总结工作。活动计划或方案的拟订要以充分的调研为依据，切实可行。

（1）组织及创意

1）关注不同人群的不同需求。业主是一个相对复杂的群体，因此不同类型物业的社区文化开展应有所侧重，要根据业主的实际需求来开展活动，关注不同群体的不同需求。

2）注重参与性。所有活动都应考虑尽可能增加业主的参与性，如果组织的活动不符合业主的兴趣，参与的人很少，就失去了组织活动的意义。

3）娱乐性、文化性和宣传价值并重。对于小区业主来说，轻松愉悦的感官享受才是参与的目的。所以活动在策划和组织时需做到健康、娱乐性强，和社区的整体文化氛围相符合，同时，活动本身具有良好的宣传价值，才能够吸引足够的关注，达到宣传社区文化品牌的目的。

4）传统化、创新化。在社区文化活动策划中，既要保持传统的活动，同时也需要根据具体环境、社会风尚和业主需求策划形式新颖的活动，以保持业主对活动的期待和关注。

5）注重节假日的活动及氛围营造。在一些大的节庆期间和长假期中，业主的空闲时间相对较多，对社区的关注程度较高，此时应在小区内积极营造假日的文化氛围。如以少儿为主体的假期活动，还可以解决家长们的后顾之忧。

（2）策划活动资金场地

1）社区文化活动资金。社区活动的开展需要资金支持。资金的来源主要有几个方面：一是物业服务企业每年按管理经费一定的比例划拨用于社区文化建设，这是企业办文化的重要表现。二是寻求赞助。热心于公益事业、关心社区成长的单位和个人越来越多，物业管理单位应处理好关系，争取多方面的支持。三是由社区文化活动的直接受益者出资，如组织旅游等，资金的主要来源是参与者自助。

2）社区文化活动场地。硬件设施是社区文化活动的基本保障。物业服务企业在前期介入阶段要积极争取、合理建议规划活动场所。小区交付使用后，物业服务单位要有计划、有步骤地对社区文化设施加以完善。

案例 6—9

2014 年某社区文化工作计划

2014 年，本项目一期业主入住率预计达 85%，二期于 4 月底入伙，业主装修期预计三个月，8 月以后才会有二期业主陆续入住。因此 2014 年社区文化活动上半年部分活动将在配合地产销售部营销进行，下半年主要组织互动性较强的活动。参照公司2013年度社区文化活动，管理处于2014年将组织元宵节游园、体质测试、少儿夏令营、海岸沙滩活动、登山、HAPPY家庭节、圣诞节活动等一系列活动，开展关怀业主生活与节日的特色活动，如“关注女性月”和“母亲节”等；计划成立社区足球、网球、摄影俱乐部，积极组织业主参与运动俱乐部活动。搭建社区沟通的平台，深化与一期业主的良好关系，开展与二期业主的沟通与交流，促进小区内业主之间、业主与管理处工作人员之间的良好沟通与交流，使本社区成为一个高尚、文明、祥和的社区。

一、年度社区文化工作目标

共享各方面的社区文化资源，积极开展社区间的文化交流活动，营造独特的社区文化氛围，使本社区成为高尚社区文化品牌。

二、年度社区文化活动工作计划

2014年年度社区文化活动工作计划见表6—7。

表6—7　　2014年年度社区文化活动工作计划

主题	计划项目	计划时间	备注
春在社区	元宵节游园活动	2月	猜谜语、吃汤圆、小游戏等
	女性活动月	3月	3月8日“魅力女人、美丽有约”送花活动；“魅力女人、美丽出行”一日游活动（待定）；“魅力女人、美丽有约”美容健康讲座
	业主体质测试	4月	统一安排时间，体现关心自身健康、关爱家人
	母亲节活动	5月9日	赠送鲜花、贺卡等，结合配乐诗朗诵、海报宣传等手段，营造立体文化氛围
	成立社区足球俱乐部	5月	二期入伙期间现场招募
夏日缤纷	成立社区摄影协会	6月	组织外出采风（收费）、开展摄影知识讲座（免费）
	梧桐山登山活动	6月	泰山涧
	成立社区网球俱乐部	7月	可外请教练进行培训（收费）
	海岸沙滩活动	7月	沙滩活动（收费）
	少儿夏令营	8月	公司统一安排
秋收欢乐	HAPPY家庭节	9—10月	9月中秋节活动，10月社区网球比赛
	成立老年俱乐部暨重阳节登高活动	10月	
	第三届观鸟活动	11—12月	鸟类知识讲座，组织前往公园、鸟岛、生态公园等观鸟活动
冬日暖阳	圣诞节活动	12月24日	
	社区文化年度回顾	12月	

三、年度社区文化宣传工作计划

2014年年度社区文化宣传工作计划见表6—8。

表6—8 2014年年度社区文化宣传工作计划

序号	计划项目	计划时间	备注
01	安全防范知识宣传	1月	
02	养犬法规宣传	2月	
03	高空抛物宣传	3月	
04	健康知识宣传	4月	
05	装修常识宣传	5月	
06	物业管理法规宣传	6月	
07	消防知识宣传	7月	
08	防暑降温宣传	8月	
09	养犬法规宣传	9月	
10	安全防范知识宣传	10月	
11	小区公益宣传	11月	
12	年度社区文化回顾	12月	

思考与练习

1. 设施设备管理的内容有哪些?
2. 公共秩序管理有哪些需要注意的事项?
3. 简要说明投诉处理流程。
4. 阐述投诉处理的原则是什么。
5. 社区文化建设有哪些实际意义?

第七章　突发事件处理方案

学习目标

熟悉物业服务企业处理应急工作的人员构成，了解开展突发紧急事件处理的原则和方法，掌握应急事件处理的流程和措施，学会编制日常物业服务中突发事件应急预案。

"安全工作无小事"，物业服务企业作为构建和谐社会不可缺少的重要一环，在维护小区安全上必须建立和完善住宅小区突发事件的应急处理机制和预案，防患于未然。物业服务企业面对紧急状况所采取的应对措施，对广大客户而言实质上是一种十分重要的保护，它尽可能避免突发事件给客户带来的危害。

第1节　突发事件处理概述

为确保及时、有效地解决问题，物业服务企业建立健全各种应急处理预案的同时，还要提前培养、造就有应急服务技能的队伍，并能够对事件的起因和变异做调查分析，以不断丰富应急处理预案，确保为客户提供更满意的应急服务。这种把充分准备做在事发前的服务，无疑是高水平、高质量的物业服务。

一、物业服务企业应急预案组织架构

为了做好物业服务工作，预防各种自然灾害、治安消防、设施设备故障、工伤事故、意外伤害的发生，将物业服务的风险降到最低限度，根据物业服务行业的实际情况，制定适用于该项目的物业服务工作应急预案。

1. 物业服务企业应急预案组织架构

物业服务企业应急工作预警小组由物业服务企业负责人领导，以各部门主管和骨干员工为主组成。同时，在物业服务项目（或管理处、监控中心）设立24小时应急服务电话，按照应急服务进行模拟训练，以提高应急服务管理小组的快速反应能力，强化应急服务管理意识，并检测自己拟定的危机处理应变计划是否充实、可行。图7—1所示为物业服务企业应急预案组织架构。

2. 管理处应急预案组织架构

物业管理处下属的各职能部门人员是应急服务的主要人力储备，以经理为核心，包括管理处下属的秩序维护员、保洁员和维修人员，所以，管理处平时必须对客户服务部、秩

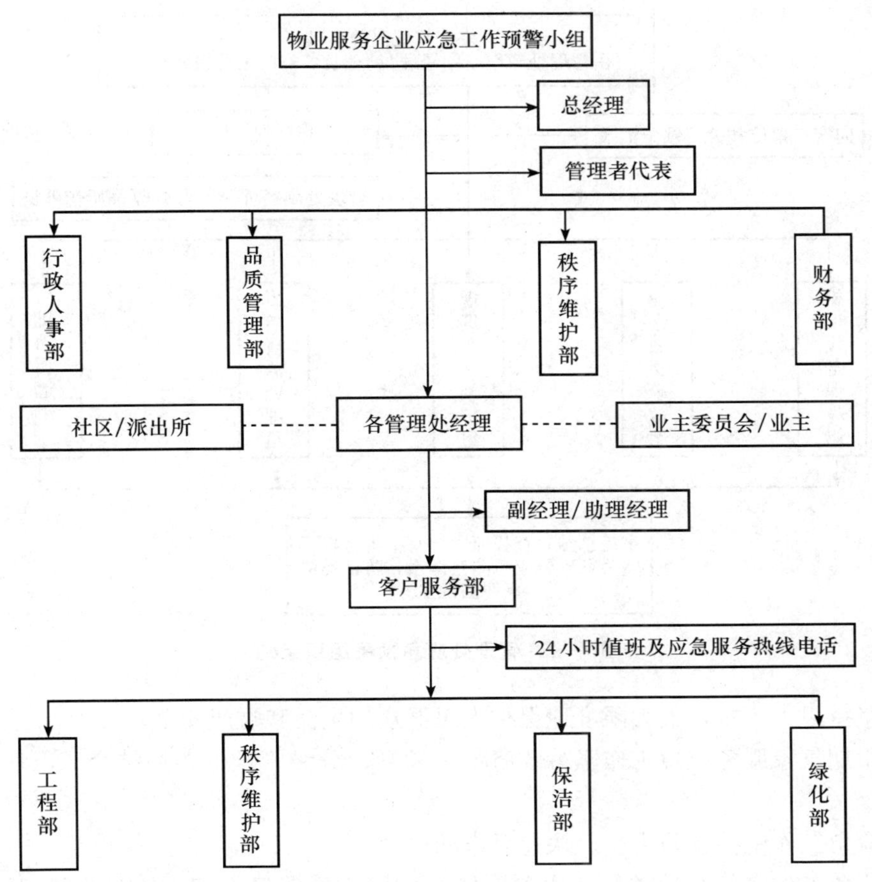

图 7—1 物业服务企业应急预案组织架构

序维护部、工程部、保洁部所属员工做统筹安排，调配值班与准值班岗位，保证每天 24 小时随时有人能响应总值班室的应急呼唤。图 7—2 所示为管理处应急预案组织架构。

二、物业服务人员处理突发事件的原则和方法

1. 突发应急预案处理范围

突发事件是指发生火灾、地震、台风、暴雨、治安事件、重大刑事案件及物业防走私、反动宣传、静坐示威游行等特有的突发的不可抗拒的偶然性事件。

2. 突发事件处理原则

物业秩序维护人员是公安机关的重要辅助力量。在日常协助公安人员维护物业服务区域内治安秩序和护卫客户的安全中，必须及时处理各种问题。处理问题应遵循依法办事的原则，执行物业服务企业各项规章，不徇私，以理服人。

（1）遇有特殊情况和重大问题时，要沉着冷静，胆大心细，机智灵活，高度警惕，正确分析和判断情况，根据问题性质按应急方案处置。

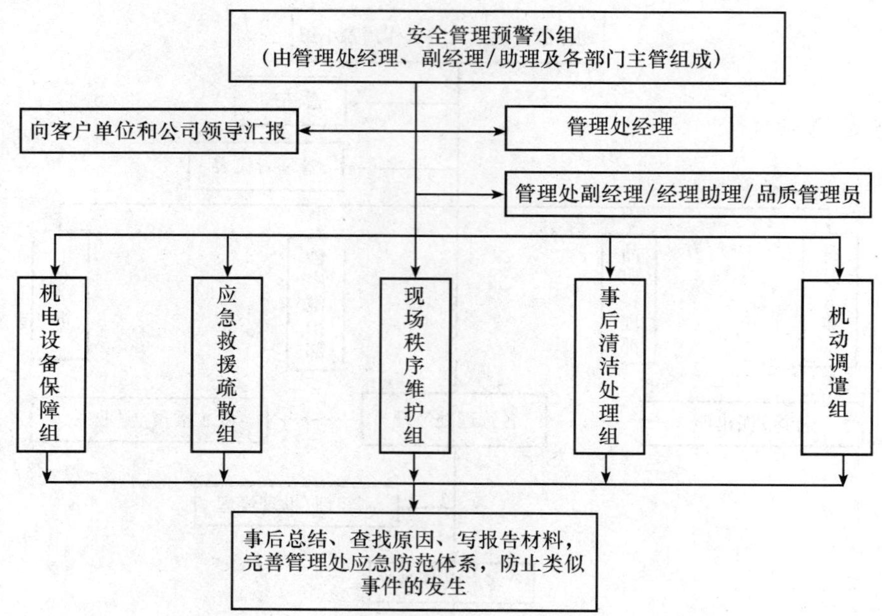

图 7—2 管理处应急预案组织架构

（2）坚持以人为本，最大限度地保护人民群众的生命和财产安全。

（3）汛期气象服务应急工作坚持政府统一领导、分级管理、条块结合、以块为主的原则。

（4）应急工作坚持预防为主、快速反应的原则。

（5）应急工作实行行政首长负责制，统一指挥，分部门负责，各有关部门密切配合、分工协作，资源整合、信息共享，形成应急合力。

（6）遇有特殊情况和重大问题时，要沉着冷静，胆大心细，机智灵活，高度警惕，正确分析和判断情况，根据问题性质按应急方案处置。

（7）发现聚众闹事，应立即报告，并在安全部门或公安机关的指挥下，迅速平息，防止事态扩大。

（8）发现纵火、行凶、抢劫财物、盗窃、集众示威、打反动标语等现行犯罪和违规活动，应当视情况尽力抓捕犯罪嫌疑人，迅速报告安全管理部门和公安机关处理，并注意保护现场。

（9）及时总结、汇报。

3. 突发事件处理方法

根据突发事件的不同性质，应采取不同的方法进行处理。

（1）对客户之间的属于人民内部矛盾的纠纷问题，可通过说服教育方法解决，主要是分清是非，耐心劝导，礼貌待人。

（2）对一时解决不了又有扩大趋势的问题，应采取“可散不可聚、可解不可结、可缓不可急、可顺不可逆”的处理原则，尽力把双方劝开、耐心调解，千万不要让矛盾激化，不利于问题解决。

（3）在处理上，坚持教育与处罚相结合的原则，如违反情节明显轻微，不需要给予处罚的，可当场予以教育或协助所在单位、家属进行教育；如果需要给治安处罚的，交公安机关处理。

（4）对于犯罪问题，及时予以制止，把犯罪嫌疑人抓获并扭送公安机关。

4. 应急预案处理流程

突发事件应急预案处理流程如图 7—3 所示。

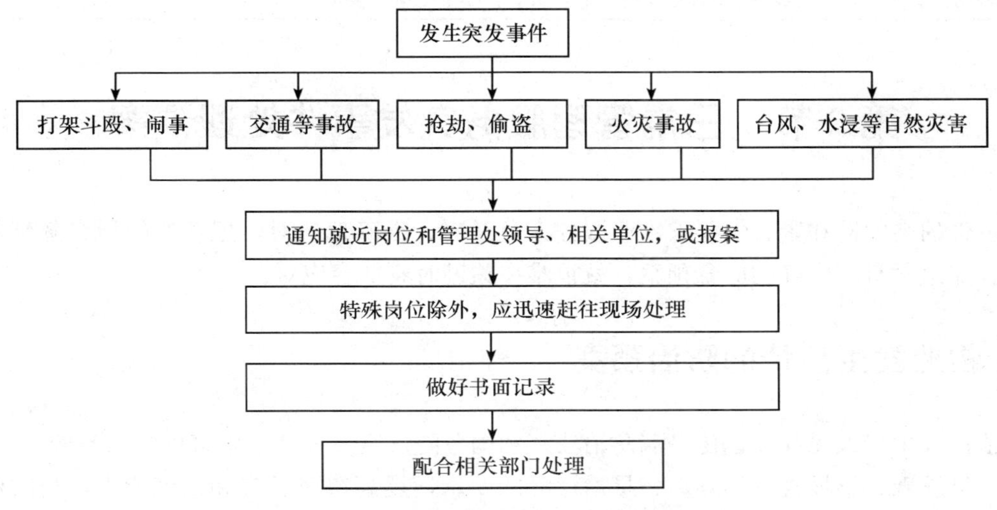

图 7—3 突发事件应急预案处理流程

5. 应急措施、装备

为了保证应急服务过程中能够尽快排除故障和险情，物业管理处必须对应急服务的物料有充分的储备。常用的应急服务物料有灭火器、排水泵、手电筒、应急钥匙、急救药品和各种工具等。应急服务物料必须定期检查，有时效的物料必须定期更换，确保物料的可用性。

应急服务物料必须存放在固定的地点，方便拿取，并标有明显的“应急服务物料专用”字样。平时原则上不准动用，动用后应及时补充，以保持规定的储备量。

6. 应急服务通知顺序

突发事件应急服务通知顺序见表 7—1。

表 7—1　　应急服务通知顺序

突发事件类型	通知顺序和联络电话	备注
火警	管理处经理、119、秩序维护部主管、工程部主管、保洁部主管、相关领导、业主委员会、居民委员会	
重大治安事件	管理处经理、110（或辖区派出所）、秩序维护部主管、社区、业主委员会	
电梯困人	管理处经理、保修单位、电梯值班室、电梯工程师、电梯工	

续表

突发事件类型	通知顺序和联络电话	备注
供配电故障	管理处经理、供电局、工程部值班室、强电工程师、电工	
给排水故障	管理处经理、市政或自来水公司、管道值班室、工程师、管道工	
煤气泄漏	管理处经理、煤气公司、总调值班室、管道工	
突发卫生事件	总经理、管理处经理、防疫站、疾病预防控制中心、派出所、业主委员会、居民委员会	
意外伤亡事件	总经理、管理处经理、社保部门、派出所、业主委员会、社区	

第 2 节　日常管理服务突发事件处理预案

事件的突发性和紧急性要求物业服务人员及时、准确地应对，把客户的损失降到最低限度。如果没有一个好的应急预案，就很难在关键时刻从容应对。

一、物业发生疫情的防治预案

依据《中华人民共和国传染病防治法》和国务院《突发公共卫生事件应急条例》，全面落实“早发现、早报告、早隔离、早治疗”的要求，提高快速反应和处理能力，将防治工作纳入法制、科学、规范的轨道，保证物业项目客户及工作人员的生命健康和安全，切实有效地防止疫情的发生及反复。

1. 管理架构

(1) 疫情划分为三级管理。一级疫情管理为境外或外埠爆发或流行防治措施；二级疫情管理为本市出现疫情或爆发防治措施；三级疫情管理为本物业项目出现疫情防治措施。

(2) 组织人员架构。物业服务企业成立管理处物业指挥领导小组，组长为总经理，副组长为副总经理，组成人员包括管理处经理、工程部主管、秩序维护部主管、客户服务部主管、保洁绿化部主管、财务部经理、行政人事部经理及其他管理处的骨干力量。

(3) 职责分工

1) 总经理职责：全面掌控物业服务项目疫情，人员安排及重大行动决策指挥，审阅每日各部门呈送的报告并做批示。

2) 副总经理职责：协助物业服务项目执行总经理完成防疫工作。物业服务项目执行总经理因故缺席时，由副总经理行使物业服务项目执行总经理权力。

3) 工程部主管职责：保证设施设备的良好运行，保证特殊情况下的工程维修维护抢修及家政维修的范围控制，保证生活用水、中央空调的消毒工作。

4) 客户服务部主管职责：物业服务项目客户及相关人员健康状况调查分析，疫情防治的宣传及解释，隔离人员及区域人员的安抚，以及日常用品的买送。

5）保洁绿化部主管职责：消毒、防护用品的采买及保证，包括测温器、口罩、防护服、警戒带、消毒器材及药品、简单医疗器材；员工的体温、健康统计，上报物业项目执行总经理。

6）行政办公室主任职责：疫情的采集整理，辖区信息收集，向领导小组汇报；建议预防级别，做好疫情期的日志及报告；负责与医疗机构、开发商、总部等沟通工作，上报给物业服务项目执行总经理。

以上组织领导人员一旦遇有疫情出现，定时开会联系，协调工作，并做好本部门的工作安排、人员健康控制。

2. 物业项目一级疫情防治预案

（1）管理处经理从政府、媒体或医疗机构疫情发布会得知有疫情出现，马上召集领导小组成员开会，启动防控工作，直至政府宣布解除疫情。确立行动机制，做好记录。

（2）会议确立防疫宣传的内容和办法，如秩序维护员出入控制级别和设备的配备、工程维修保障重点等。

（3）秩序维护部于办公区入口处设做好防护的专人，以手持式测温仪为每个员工测体温，做好员工健康的监控记录。对有疑似病例的员工建议就医检查，拒绝其上班。秩序维护部密切关注周围人员，对在疫区居住或关系密切来往人员进行控制。

（4）领导小组共同确定公共区域及人员所需消毒防护用品、药物的使用，并决定消毒防护范围及程度。秩序维护部于各入口设置“一前一后”两块3米^{2}左右的脚垫，前一块喷洒饱和10％过氧乙酸药液，后一块为干垫。楼宇大堂设75％医用酒精、棉签及抽取式面巾纸，备访客消毒之用。电梯间内外的控制面板伏贴保护膜，每小时保洁专人用84消毒药液擦拭，并及时更新消毒记录。

（5）密切建立与政府医疗、政府主管部门等的信息网络，并保证通畅。

（6）秩序维护部实施出入人员、车辆控制范围及级别，体温测量及车辆消毒工作。

（7）客户服务部定时与业主、房屋使用人联系，了解行踪及健康状况并做记录，并根据情况提出建议和警示，积极宣传预防知识。

（8）办公区域保洁人员每日早7时、晚7时以过氧乙酸喷雾消毒。卫生间放置84消毒药液容器，员工每日3次洗手消毒。保洁人员每日2次对办公室电话进行擦拭消毒。

（9）保洁人员组建两个消毒小组，配备消毒设备、防护用品，分别负责公共区域、办公区和出入关通道、出入人员车辆的消毒工作，做好记录。

（10）工程部在疫情期间实施设备清洁消毒计划

1）清洁、消毒室内、公共区域空调过滤网。

2）开放所有排风机、送风机及楼道窗户。

3）对生活水箱间每日进行消毒，特别是排水沟消毒。

4）每日对室内污水坑投放消毒药液。

5）用湿毛巾封闭下水地漏并每日消毒。

以上工作每日检查记录，汇总上报项目执行总经理。

3. 物业项目二级疫情防治预案

(1) 领导成员开例会，就疫情最新情况和各部门报告内容做出工作安排。告诫员工不要聚会，减少与其他人员接触的机会，协助查验单位防疫，办公时戴口罩，分散用餐。

(2) 各部门服务人员编制分为两组，分别独立办公，不直接接触客户，部门间用电话联系工作。分组情况备案呈送物业项目执行总经理。

(3) 物业服务工作重点转入防治工作，工程部取消一些紧急维护性服务，重点保证供水、供电、通信、燃气等基础设施的安全运行。

(4) 客服部加强宣传、联络工作，但不能造成恐慌，建议客户取消公共活动。

(5) 秩序维护部严格控制出入人员、车辆，设测温仪、车辆消毒喷雾设备，杜绝一切隐患。

(6) 保洁每日两次消毒，应物业单位要求进行消毒。统一准备四套防护服。

(7) 客户服务部密切与医疗机构联系，请流行病专家执行检查工作，提出整改。秩序维护部准备机动车辆。

(8) 员工行动控制，分班、戴口罩、消毒，体温每日测两次，家属健康汇报并由专人统计管理，每日上报物业项目执行总经理。

(9) 各部门根据情况，对年假、病假、事假加强管理甚至取消公休等。

(10) 工程维修做好公共及办公区的通风换气工作，维修前戴好口罩，使用消毒好的工具，工具使用后再次喷洒2%过氧乙酸消毒。

(11) 客户服务部定期向上级及相关机构沟通汇报工作。

(12) 秩序维护部加强宠物控制，不得随意出入。

(13) 客户服务部安抚解释加大力度，密切了解业主、房屋使用人健康状况，出现异常马上上报并跟进处理。

(14) 秩序维护部准备隔离专用房间，隔离用标识。一旦发现有疑似病例出现，秩序维护员将佩戴好必要的防护设备将病人转移到隔离专用房间。

(15) 秩序维护部一旦得知疑似或疾病出现，穿好防护服，控制封锁现场，马上通知医疗机构，写出事件报告交物业服务项目执行总经理。

(16) 保洁将垃圾消毒后集中处理运输。

4. 物业项目三级疫情防治预案

(1) 秩序维护部杜绝一切不必要人员及车辆的出入，严格做好封锁工作。

(2) 秩序维护部、客户服务部配合医疗及政府做好隔离工作，封锁疫情单元及楼盘。

(3) 客户服务部对通关惊慌客户进行安抚，协助做好隔离及后续工作。

(4) 工作人员的工作生活将受到一定限制，严格做好自身防护，必要时采取隔离措施。

(5) 特事特办，但不得自作主张，须向上级请示报告。

(6) 工作人员严禁传播、散布疫情信息，镇定冷静，坚守岗位，尽最大努力维护物业项目区域内的稳定，维护公司的利益。

二、防台风、雨汛应急处理预案

1. 各岗位责任分工

（1）秩序维护部认真做好暴风雨紧急情况时的信息传递、资源调配及有关后勤保障工作。

（2）工程维修部门负责给排水、供电、供空调、电梯等机电设备的故障及应急处理。

（3）管理处治安消防部门负责“三防”及安全保卫、义务消防等情况应急处理，同时负责抗灾救灾工作。

（4）保洁绿化部门负责绿化、环境的抗灾保护和灾后恢复工作。

2. 防台风防洪水及应急处理

（1）管理处接到台风或暴雨警报信号通知后，应立即紧急动员，各部门进入临战状态，同时成立管理处经理任总指挥、管理处副经理及部门主管为成员的“三防”临时指挥部，管理处领导及相关人员应实行24小时值班制度，做好防洪防汛救灾准备工作。

（2）在台风或暴雨来临前，应做好各项防风、防水浸措施，如紧急做好防风、防水浸工作、关闭公共门窗，检查清理排洪设备、设施、广告招牌、花盆等。

1）检查所有门窗，特别双开玻璃门是否有足够保护及稳固。

2）牢固所有容易松脱物件，尤其是位于天台及露台等地方，对于一些较易吹倒的物件（如花盆等）应搬至室内或将其绑紧。

3）检查所有去水道、沙井、雨水渠等，并清除可能引致淤塞的垃圾、泥沙及杂物。

4）确保所有紧急用具可以随时应用，如沙包、雨衣、头盔、水靴、绳索、后备照明、方木（用于固定玻璃门）等。

5）检查排水泵系统是否正常通畅。

6）检查发电系统及其供油装置正常与否，并按规程试开发电机组。

7）关闭霓虹灯电源。

8）智能化系统设备是否正常运行。

9）检查完毕，发现问题及时解决，如有处理不了的问题，应立即向领导报告。

（3）在发生台风、暴雨时，值班秩序维护员对防风、防水浸关键区域和部位加强巡视，检查门窗状况，如发生有窗户玻璃破碎情况，以最快速度赶至现场，并用板材临封堵。工程维修部维修人员集中待命，各层管理服务人员坚守岗位，如果有设备故障投诉以及发现事故隐患应采取紧急措施，及时予以解决。

（4）各级工作人员协助维修技术人员做好排洪及排泄积水工作。

（5）在发生台风、水浸等自然灾害事故时，防止犯罪案件的发生。

3. 灾后处理

台风、雷暴过后，工程维修部门组织维修人员对所辖设施设备进行检查，发现损坏并及时修复。清洁绿化部门检查损毁的树木情况，并加以恢复，努力将灾患影响程度降至最低。管理处经理及时向总经理报告受灾及损失情况。

三、意外伤亡应急预案

(1) 物业服务区域出现人员意外伤亡事件，秩序维护人员应立即赶赴现场，查明情况，向秩序维护部经理或总经理汇报。

(2) 如果伤者尚未死亡，应在保护现场的同时立即组织抢救，并通知医疗救护中心。对骨折伤员一定要注意尽量不要搬动，防止使伤情加重。

(3) 如果伤亡事故是由触电引起，秩序维护人员应就近切断电源或用绝缘物（如干燥的木杆、竹竿或塑料、橡胶）将电源拨离触电者，再施进行抢救。严禁在没有切断电源的情况下，用手直接去拉触电者或用金属杆去拨离电源，造成自身触电。

(4) 如果伤亡事故是由设备故障或设施损坏引起，秩序维护部应立即通知工程部经理（或主管）到场，共同制定抢救方案。

(5) 如果伤亡事故是由溺水引起，秩序维护人员或其他员工应立即抢救，如果落水者喝水较多，应让伤者头朝下倒立，按压腹部，使其吐出喝入之水，必要时施行人工呼吸。

(6) 如果伤亡事故是由高层坠落、物品砸伤引起，在抢救伤员的同时，应保护好现场，摄下照片或录像，留下目击者，同时向警方报警。

(7) 如果伤亡事故是由交通肇事引起，应在保护好现场、抢救伤员的同时，记录肇事车辆，留下驾驶员和目击者，如有监控录像，保存相关录像，报请警方处理。如果交通事故引起小区内交通堵塞，应开辟旁行通道，积极疏导交通，并设立警戒线，防止破坏现场。

(8) 伤者被送往医院抢救时，应记录救护车号码、送往医院以及伤者情况。

(9) 详细记录意外伤亡经过。对由于设备故障或设施损坏引起的伤亡事故，以及由于管理公司原因引起的触电事故，相关部门在事发 4 小时内写出书面报告给公司总经理，以便公司总经理视情况向有关方面汇报并查找原因，落实责任。

第 3 节　安全突发事件应急处理预案

一、火灾事故紧急处理预案

无论何时，一旦发现有火灾苗头，如烟、油、味、色等异常状态，每一名员工都必须立即向消防监控室报警（注意，当现场异味为液化气等易燃气体时，严禁在现场用手机、对讲机、电话报警，应该脱离现场到安全区域后再报警，以防电火花引爆易燃气体），请其派人查明真相，并做好应急准备。

1. 目击报警

（1）辖区内任何区域一旦着火，发现火情的人员应保持镇静，切勿惊慌。

（2）如火势初期较小，目击者应立即就近用灭火器将其扑灭，先灭火后报警。

（3）如火势较大，自己难以扑灭，应采取最快方式用对讲机、电话或打碎附近的手动报警器向消防监控室报警。

（4）关闭火情现场附近门窗以阻止火势蔓延，并立即关闭附近的电闸及煤气。

（5）引导火警现场附近的人员用湿毛巾捂住口鼻，迅速从安全通道撤离，同时告诉疏散人员不要使用电梯逃生，以防停电被困。

（6）切勿在火警现场附近高喊“着火了”，以免造成不必要的混乱。

（7）在扑救人员未到达火警现场前，报警者应采取相应的措施，使用火警现场附近的消防设施进行扑救。

（8）带电物品着火时，应立即设法切断电源，在电源切断以前，严禁用水扑救，以防引发触电事故。

2. 消防监控室报警

（1）消防监控室值班人员一旦发现消控设备报警或接到火警报告后，应立即通知秩序维护人员赶赴现场确认，并通知消防专管员。

（2）火情确认后立即通报秩序维护部经理或当班领班，由其迅速召集人员前往现场灭火、警戒、维持秩序和组织疏散。

（3）立即将火情通报物业总经理或值班领导以及工程物料部经理。

（4）值班人员坚守岗位，密切观察火警附近区域的情况，如有再次报警，应立即再次派人前往查看确认。如有业主打电话询问，注意不要慌张，告诉业主：“火情正在调查中，请保持冷静，如果需要采取其他措施，我们将会用紧急广播通知您。”同时，提请业主关好门窗。

（5）接到现场灭火指挥部下达的向“119”报警的指令时，立即按要求报警，并派人前往路口接应消防车。

（6）接到现场灭火工作总指挥传达的在辖区内分区域进行广播的指令时，立即按要求用普通话（或中英文）进行广播，注意广播时要沉稳、冷静，不要惊慌，语速要适当，语音要清晰。特殊情况下，应派秩序维护员或管理员逐单元上门通报，通报顺序为：起火单元及相邻单元→起火层上面2层→起火层下面1层。

（7）详细记录火灾扑救工作的全过程。

3. 报警要求

（1）内部报警应讲清或问清起火地点、起火部位、燃烧物品、燃烧范围、报警人姓名、报警人电话。

（2）向“119”报警应讲清物业服务辖区名称、火场地址（包括路名、门牌号码、附近标志物）、火灾发生部位、燃烧物品、火势状况、接应人员等候地点及接应人、报警人姓名、报警人电话。

4. 成立临时指挥部

（1）物业服务企业总经理或值班经理接到火警报告后，应立即赶赴指定地点或火警现场，并通知相关人员到场，成立临时灭火指挥部。

（2）临时指挥部由物业服务企业总经理、秩序维护部经理、工程部经理、行政部经理、消防专管员以及其他相关人员组成，由物业服务企业总经理任临时总指挥。物业服务企业总经理尚未到场时，由秩序维护部经理或值班经理代任总指挥。

（3）临时灭火指挥部职责

1）根据火势情况及时制定相应对策，向各部门下达救灾指令。

2）根据火势情况确定是否疏散人员。

3）立即集合义务消防队，指挥义务消防队员参加灭火，并保证消防用水的供应。

4）在火势难以控制时，应及时下达向“119”报警的指令。

5）根据火势情况，成立疏散组、抢救组、警戒组，组织救人，抢救和保管重要物资及档案，维持现场秩序。

6）根据火势情况决定是否启用紧急广播进行报警。

7）下令将消防电梯降至首层，派专人控制，专供灭火工作之用。同时停止起火区域的其他电梯和中央空调运行。

8）根据火势情况决定是否采用部分或全部断电断气、打开排烟装置等措施。

9）消防队到达后，及时向消防队领导准确地提供火灾情况和水源情况，引导消防队进入火灾现场，协助消防队灭火，并协助维持现场秩序，安顿疏散人员。

10）火灾扑灭后，组织各部门员工进行善后工作。

5. 人员疏散和救护

物业服务区域内发生火情时，各部门员工的任务是扑救火灾、疏散人员、抢救重要物资和维持秩序，危急关头以疏散、救护人员为主。火灾发生后，每一名员工都要牢记自己的首要职责是保护业主、访客及自己的生命安全。

（1）火灾发生后，由疏散组负责安排人员，为业主和访客指明疏散方向，并在疏散路线上设立岗位进行引导、护送业主和访客向安全区域疏散。这时切记要提醒大家不要乘坐电梯，如果烟雾较大，要告知大家用湿毛巾捂住口鼻，尽量降低身体姿势有序、快速地离开。

（2）人员的疏散以就近安全门、消防通道为主，也可根据火场实际情况，灵活机动地引导人员疏散。

（3）认真检查起火区域及附近区域的各个单元，并关闭门窗和空调。发现有人员被困在起火区域，应先营救被困人员，确保每一名业主和访客均能安全撤离火场。

（4）接待安置好疏散下来的人员，通过良好的服务稳定人们的情绪，并及时清点人员，检查是否还有人没有撤出来。

（5）疏散顺序为：先起火单元及相邻单元，后起火层上面 2 层和下面 1 层。疏散一般以向下疏散为原则（底层向外疏散），如向下通道已被烟火封住，则可考虑向屋顶撤离。

（6）从火场上救下的受伤业主、访客以及扑救中受伤的员工，由抢救组护送至安全区，对伤员进行处理，然后送医院救治。

6. 警戒

（1）秩序维护部接到火警通知后，应迅速成立警戒组，布置辖区内部及外围警戒。

（2）清除辖区外围和内部的路障，疏散一切无关车辆和人员，疏通车道，为消防队灭火创造有利条件。

（3）控制起火大楼底层出入口，严禁无关人员进入大楼，指导疏散人员离开，保护从火场上救出的贵重物资。

（4）保证消防电梯为消防人员专用，引导消防队员进入起火层，维持灭火行动的秩序。

（5）加强对火灾区域的警戒，保护好火灾现场，配合公安消防部门和调查组对起火原因的勘察。

（6）保证非起火区域和全体业主、访客的安全，防止不法分子趁火打劫。

7. 善后工作

（1）火灾扑灭并经公安消防部门勘察后，工程物料部应迅速将辖区内的报警和灭火系统恢复至正常状态。

（2）秩序维护部组织人员清理灭火器材，及时更换、补充灭火器材。

（3）管理运作部统计人员伤亡情况和辖区财产损失情况，上报灭火指挥部及总经理。

（4）综合管理部组织员工对受灾业主、用户进行慰问，并根据实际需要给予切实帮助。

（5）清洁绿化部组织员工对火灾现场进行清理，恢复整洁，对因逃生或救火损坏的花木进行抢救或补种。

（6）灭火指挥部应召开会议，对火灾扑救行动进行回顾和总结。

（7）由物业服务企业总经理发动员工，收集可疑情况，配合调查组对火灾事故进行调查，并责成消防专管员写出专题报告，分清责任。

（8）如果辖区财产办有保险，则由财务部门联系保险公司进行索赔。

8. 火警处理流程

火警处理流程如图 7—4 所示。

二、爆炸、恐吓事件应急处理预案

爆炸犯罪具有危害性大、突发性强、不易防范的特点，所以应采取全员防范的措施。

1. 爆炸恐吓电话应答技巧

（1）接听爆炸恐吓电话时，及时通知其他有关部门（如秩序维护部、工程部等）。

（2）要冷静面对爆炸恐吓电话，以期获得更多的信息，这对最大限度地避免和减少人员的死伤起着很重要的作用。如通知来电者楼内有许多人，并难以及时疏散，恐吓人也许愿意提供有关炸弹的详细的位置、数量或爆炸方式的信息。

（3）应最大限度地从来电者那里获取更多的信息。

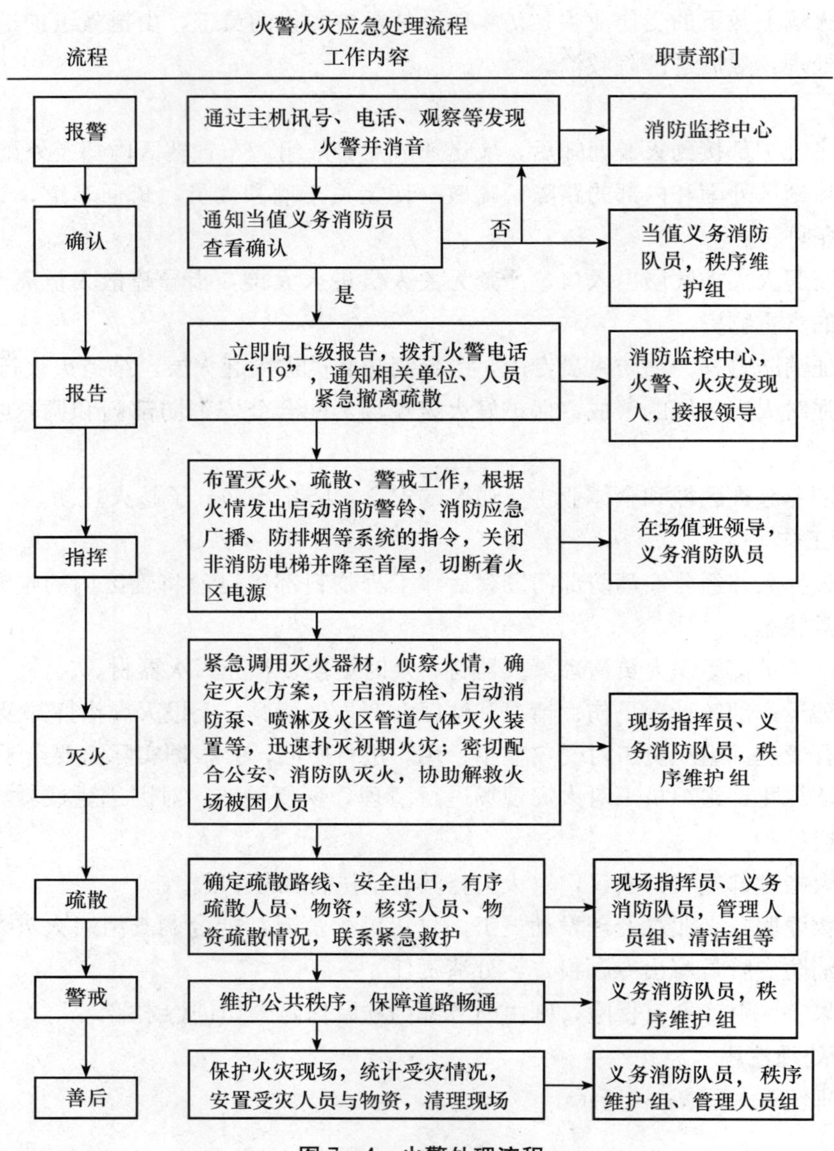

图 7—4 火警处理流程

第七章

2. 爆炸恐吓信的处理

（1）接到爆炸恐吓信后，保留全部线索，包括信封等。一旦确认为爆炸恐吓信，不要自行盲目处理，力争保护证据，如指纹、字体、纸张、邮戳，这些都会为寻找寄信人提供证据。

（2）偶尔会收到安放了明确爆炸装置的书面警告，尽管恐吓信内容仅涉及一般的恐吓和勒索，但同样不容忽视。

（3）可疑包裹信件的特征

1）大多数人亲自投递此类包裹、信件。

2）如有邮递员投递，关注在正常状态下邮件凸出的部分。

3）邮件的摆放不均匀，有硬框架结构。

4）寄自公司的信件使用手写的信封或贴有标签。检查此公司是否存在或它们是否寄出过邮件、包裹。

5）较小的邮件贴有高额的邮票，证明寄出时未经邮局称重。

6）未付邮资或没有邮戳的邮件。

7）邮件上有“请本人拆阅”“密件”“今天是你的幸运日”“内附奖品”等字样。

8）破损、污点或有明显的电线、绳索和胶带等。

9）没有发信的地址和发信地址明显不存在。

10）当信件或包裹在未收到之前有陌生人电话询问是否接到邮件的。

3. 注意可疑情况

（1）注意可疑人员。

（2）发现可疑行李物品或无主的行李时，应立刻报告。

（3）注意平时不易被注意的角落。

4. 其他注意事项

（1）准备布巾。

（2）协助抢救和转运伤员。

（3）协助疏散人群。

（4）协助秩序维护部负责现场周围的搜索。

（5）协助报案。

三、溺水救援应急预案

1. 溺水事故易发点的管理措施

（1）各泳池周围应设固定的围栏。

（2）各易发点醒目处应设足量的警示标志牌。

（3）保证日常的安全巡视。

（4）进入泳池工作的人员，必须按规定工作标志，按操作规程执行。

（5）现场工作人员须学习掌握急救法和其他安全救护措施，避免因延误而产生不利因素。

（6）对各易发区所在部门，应配备必要的救护器具，如救生衣、救生圈、绳具等专项物资，专管专用。

（7）做好对泳池的安全管理、健全记录资料。

2. 应急救援措施

（1）最早发现溺水事故的人员应立即向客户服务部、秩序维护班长、医务所（必要时拨打“120”）报警。

（2）客户服务部、秩序维护部、医务室接到报警电话后，应迅速通知有关部门，发出救援指令，佩戴抢救器具，赶往事故现场。

（3）各级人员到达事故现场，应根据事故状态和程度做出相应的应急决定，同时展开积极的救援方法，保证救援工作的及时性。

3. 救援方法

（1）入水救援

入水救援应该冷静沉着，在接近溺水者时最好从其后方，千方百计地使溺水者头部上浮于水面，使鼻部可露出水面呼吸。呼气要浅，吸气要深（因为深吸气时，人体比重降到0.967，比水略轻，可浮出水面，呼气时人体比重为1.057，比水略重），救援者须告知其合作的重要性，不要乱抓乱动。当救援者托住溺水者的头部后，应使其身体平卧以增加浮力，游向岸边，或投入木板、救生圈、长杆等，让落水者攀扶上岸。

（2）出水后的救护

首先清除溺水者口鼻气道异物。对口腔内的泥沙或者呕吐物等，必须立即清除，以防止气道受堵。取下假牙，然后进行控水处理。救护人员单腿屈膝，将溺水者俯卧于救护者的大腿上，借体位使溺水者体内水由气管口腔中排出。救生呼吸。如果溺水者呼吸心跳已停止，应该及早进行口对口或口对鼻的救生呼吸。同时进行胸外心脏按压。吹气必须用力，可以使气体进入可能已经灌水的气道，有效地改善溺水者的缺氧状态。胸外按压。在人工呼吸的同时，须随时检查有无心跳，如已无颈动脉搏动，应立即做胸外按压。

4. 注意事项

（1）做好对危急事件现场的安全管理，避免由于混乱造成系列不安全事故发生，秩序维护部人员应对事故现场采取必要的组织措施，保障救援工作的有效性。

（2）管理处经理通知所在部门按专业迅速向主管部门、公安机关报告情况。

（3）发生事故的部门要迅速查明溺水事故发生的原因及过程。

（4）经过现场采取急救措施，有关人员配合医务人员将伤者送往医院，做进一步的救护和观察直至结束。

（5）当事故控制后，在主管副总经理的领导下，组成秩序维护部、品质管理部、行政人事部及发生事故部门人员参加的事故调查组。做好事故原因的调查上报和防范措施的制定。

四、打架斗殴事件处理预案

（1）当值秩序维护员发现有人在旅检大厅有打架斗殴的行为或接到打架斗殴的报案时，应立即赶到案发现场进行制止，将双方当事人劝离；如不能制止，应立即用对讲机向秩序维护部班长及附近岗位安管员请求援助。

（2）秩序维护部班长接到报告后，立即调派秩序维护员赶赴案发现场，并指挥将人群隔离或劝离现场。同时报告分管秩序维护工作领导，维护现场秩序；如事件不能控制，应立即向客户单位或巡警报告。

（3）如遇打架斗殴造成人员伤害，视其伤势的轻重送医院抢救，并对当事人进行现场监控，并交公安机关处理。

五、盗窃事件处理预案

（1）当秩序维护员发现盗窃情况或盗窃可疑人员时，应立即用对讲机通知秩序维护班长或其他秩序维护员赶赴现场，进行围捕，然后留在现场监视犯罪嫌疑人，当条件许可时，应立即将犯罪嫌疑人抓获。

（2）当秩序维护员发现被盗现象或接到盗窃报案时，应立即用通信器材（对讲机或电话）向秩序维护部班长报告案发现场具体位置，并通知值班人员封锁出入口，严格控制人员出入，然后留在被盗现场，或迅速赶赴被盗现场，维护现场秩序，保护现场免受破坏，禁止一切人员进出现场。

（3）秩序维护部班长接到报告后，立即用通信器材指挥调遣秩序维护员赶赴现场处理。

（4）犯罪嫌疑人未逃离现场或正在逃离时，应立即组织抓捕，犯罪嫌疑人已逃离现场时，应立即向周围目击人员了解具体情况，指挥秩序维护员对犯罪嫌疑人进行搜捕，抓获犯罪嫌疑人应立即报告公安机关处理。

（5）如案发时间不清或被盗窃时间过长，应请示管理处领导后报警，并指挥人员保护现场，待公安机关进行现场侦查。

（6）秩序维护部班长应将事件处理情况及过程记录在《突发事件处理登记表》上，并向分管秩序维护工作负责人进行汇报。

（7）分管秩序维护工作负责人应将事件材料及做出的处理情况向管理处经理汇报，请示做出下一步的工作指示。

（8）管理处经理应视事件损失及影响大小向总经理报告。

（9）治安案件处理流程如图 7—5 所示。

六、抢劫应急预案

（1）接报后迅速赶往发案现场，制止犯罪和抓获劫匪。

（2）向目击者问清劫匪人数、年龄、性别、面型、发式、衣着等明显特征和逃跑的方向。

（3）如劫匪逃离现场，边追边用对讲机说明劫匪逃离方向并向其他队员及秩序维护部报告。

（4）发现劫匪在逃，应大声呼叫路面群众予以阻拦。

（5）如果劫匪坐车逃走的，可拦截机动车辆追堵或向“110”报警，或向派出所报警。

（6）做好自身防范工作，既要抓获劫匪，又要保证自己的人身安全，应多人或多带人

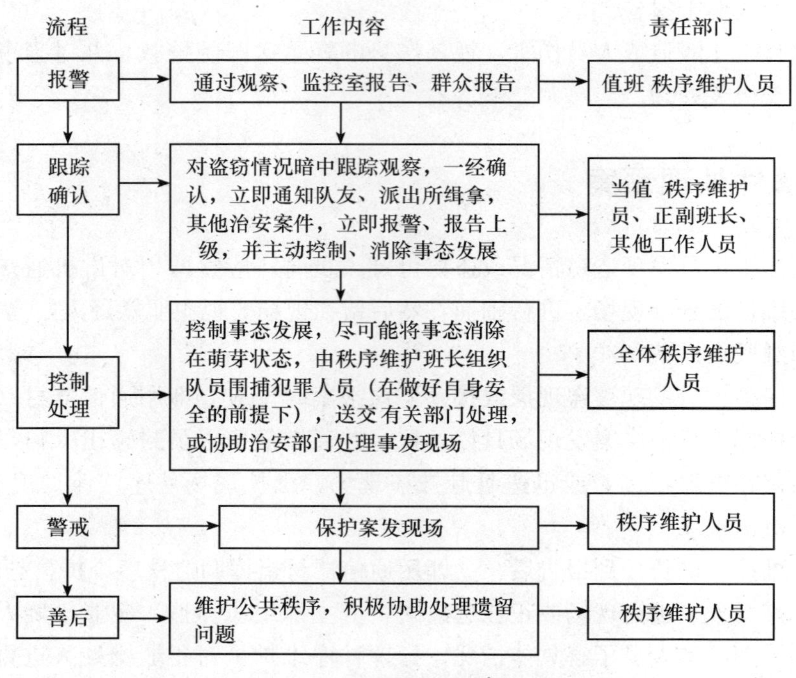

图 7—5 治安案件处理流程

围堵。

（7）保护抢劫现场，劫匪遗留的作案工具、凶器等不要用手触摸，不要让无关人员进入现场。

（8）访问目击群众，收集发生劫案的情况，提供给公安机关。

（9）事主或在场群众如有受伤，要立即送医院抢救，并迅速报告公安机关。

（10）要求事主一起到派出所报案。

七、爆炸、可疑物品的处理预案

（1）如果发现可疑物品（如有异常的响声或异常状态等），不可随便处理，不能随意触动物品的提手、拉锁等敏感部位。

（2）发生上述情况，秩序维护员应迅速到场，查明情况，判定可疑物的类别。如判定是爆炸物时，应立即采取以下措施：

1）立即疏散周围人员到安全地点，并将现场能打开的门窗全部打开，便于一旦发生爆炸减小爆炸威力，减少损失；将爆炸物、可疑物放入防爆箱内或用防爆毯将爆炸物遮盖并派人看守，立即通知公安部门处理，并向管理处领导报告。

2）在有把握的情况下，可将爆炸物移至外围空旷地带，并设立警戒线。

3）协助公安部门封锁爆炸物放置点现场，疏散人群，不让无关人员接近。

4）如无把握切不可盲动，设立警戒线，清走现场贵重物品、设备。

5）禁止无关人员靠近现场，切勿在现场使用对讲机、手机、闪光灯或开关电闸，做好现场保护，停止电梯运作。

6）立即报告物业服务公司总经理，经同意后向警方报告。

7）对附近区域进行全面检查，看是否仍有可疑物品存在。

8）访问现场知情者，并做好记录。

9）加强出入口等地点的控制，配合监控人员，注意发现可疑人员。

（3）记录一切详细情况，秩序维护部撰写特别事件报告，呈报公司总经理。

八、发生人身死亡事故的处理程序

1. 自杀或企图自杀

（1）应立即通知秩序维护部，上报物业服务公司及公安机关。

（2）秩序维护部立即封闭现场，防止有人触摸现场物品（包括自杀者所使用的利器、药物等）。同时避免开关任何电器，以免破坏证据或发生危险。

（3）如有自杀者采取煤气自杀方法，应按煤气泄漏事件处理。

（4）当公安机关调查完毕后，应清理现场。

（5）记录一切详细情形，撰写特别事件报告，呈报物业服务公司总经理。

2. 突然死亡处理程序

（1）保护好现场，不要移动或整理任何物品。

（2）立即通知秩序维护部值班主管、公安机关，并迅速上报物业服务公司总经理。

（3）秩序维护员到达现场后，应立即疏散围观者，防止无关人员进入现场。

九、凶杀事件处理预案

1. 秩序维护员在值勤中，发现有凶杀行为或接到凶杀报案时，应立即报警并赶赴现场制止违法犯罪行为，并对现场进行保护，同时向公安机关、秩序维护部班长报告。

2. 秩序维护部班长接到报告后，立即上报管理处领导，并迅速赶赴现场指挥，调遣现场附近秩序维护员和值班人员对现场进行警戒封锁，严格检查出入人员，对可疑人员应果断实施监控，以便查清情况。

3. 在公安工作人员到达前，禁止任何人进入现场，如犯罪嫌疑人尚未逃离现场时，应将其抓获，交由公安机关处理。

4. 对伤者应立即拨打“120”急救电话，送往医院抢救。

十、秩序维护人员在执勤中拾到遗失物的处理预案

秩序维护人员在值勤过程中，拾到物品或对群众送来拾获的物品应做如下处理。

（1）群众交来或拾获其他人遗失或遗留的物品，都要一一登记清楚，并向秩序维护部值班主管报告。

（2）拾遗物品中有证件提供失主的详细地址或电话的，可通知失主前来认领，但要问明情况，如果是贵重物品，必须交由管理处经理处理。

（3）如拾遗物品是属于违禁品的，登记后由秩序维护部及时向管理处经理报告。

（4）对拾遗物品，必须报告秩序维护部主管，不得拾物不报、少报或私自挪用，违者重处。

（5）管理处经理视情况向物业公司领导和客户单位汇报，请示处理意见。

十一、对醉酒滋事或精神病病人的处理预案

醉酒者或精神病病人失去了正常的理智，有些处于不能自控的状态，很容易造成伤害，执勤人员应按如下方法处理。

（1）发现醉酒或精神病病人失去理智，处于不能自控的状态下容易对自身或其他人员造成伤害，秩序维护员应及时对其采取控制和监督措施。

（2）如果熟悉或认识醉酒者或精神病病人，应设法立即通知其家人或工作单位，请他们派人领回，并采取控制和监护措施。

（3）如果醉酒者或精神病病人有危害社会安全的行为，可将其强制送交公安部门，处理过程中注意保护自己。

十二、纠纷的应急处理预案

（1）及时劝止，并向值班主管或客户服务部报告。

（2）仔细询问双方，弄清情况。向双方当事人询问纠纷发生的原因和经过，并了解在场其他人员，分清是非。

（3）说服教育，疏导调解，也可单独疏导，认为矛盾不大，可进行全面公开调解。

（4）召集双方当事人开调解会，讲明调解的内容和目的，提出调解纠纷的见解和看法。

（5）寻求当事人进行讨论，争取互谅互让。如双方意见一致，即履行调解协议书，双方签字。

（6）双方执着，调解无效，交公安机关处理。

十三、煤气、液化气泄漏应急预案

（1）接到业主报警或发现煤气、液化气泄漏后，客户服务部员工应立即通知秩序维护部经理或当班领班，并马上赶到现场查看情况，必要时疏散人员，并禁用电气设备（包括手机、电话和对讲机等通信设备）。

（2）秩序维护部经理或当班领班接报后，一方面立即派人员前往现场支援，并通知工程部，另一方面视情况通知煤气、液化气公司和消防支队。

（3）工程部接到通知后，急速赶赴现场，协助秩序维护部施救。

（4）如果煤气、液化气泄漏发生在室外，应马上疏散周围人员，建立警戒线，防止围观，并严禁烟火和使用电气设备。

十四、高空坠物应急预案

（1）当客户服务部人员接到高空坠物投诉或事件出现时，应采取以下行动。

1）立即进行调查，迅速辨认抛物方向、楼层号码、位置，设法寻找违例者。

2）如有需要可向违例者发出警告，并报告警察。

3）如果未能找出违例者，需要通知所有业主，并指出该行为的严重性。

4）派人看管好抛下的物品（证物），如所抛的物品砸坏公共设施、车辆等，应用线圈围起来，并拍照存案。

5）将一切详情记录在物业日常管理记录簿内。

（2）如高空坠物引起有人受伤，管理人员应及时通知救护车及公安机关。协助照顾伤者并设法寻找违例者或证人，封锁现场，等待公安人员到场，将一切有关资料记录在物业日常管理记录簿内。同时报告管理处经理及呈交书面报告，协助赔偿事宜的调解。

十五、中毒事件应急预案

值班秩序维护员发现有煤气中毒情况或接到中毒事件报告时，应立即报告秩序维护主管，同时应切断气源，打开门窗；对煤气中毒者，尽快将其撤离现场，移到空气通畅处，松开衣扣和腰带，视情况做人工呼吸，并尽快拨打“120”送往医院抢救。

如遇煤气扩散较浓时，不能开电灯、按门铃、拔电源插头及打电话等一切可能产生火花的行为，禁止使用非防爆电筒入内，应用湿毛巾捂鼻、切断气源、打开门窗，将中毒者直接抱起或背离现场。

对其他类别中毒者，应尽快给中毒者消除口腔异物，维持呼吸畅通；应注意对中毒者保温，并立即拨打“120”送往医院抢救。

十六、车辆管理突发事件应急预案

1. 突发事件的类型

（1）小区车辆发生路面行驶交通事故。

（2）小区车辆停放损伤。

（3）小区车辆被盗。

（4）车辆封堵大门。

（5）车辆冲岗。

（6）突发停电。

2. 处理方法与过程控制

（1）车辆行驶交通事故突发事件的处理

1）小区内应在主要车辆行驶路段或拐弯处设立限速标识、减速带与反光镜等车辆行驶标识系统，完善车辆停放监控录像系统等设施。

2）秩序维护部巡查人员发现小区道路车辆突发事件后，立刻通知当班班长赶赴事故突发现场了解情况，并向秩序维护部队长汇报。

3）秩序维护部队长到达现场，针对车辆行驶交通事故的严重程度组织人员对车辆事故现场进行标识与事故现场拍照，如有人员伤亡应及时拨打“120”进行救护，依据事故车辆的车牌号与车场入口外来车辆登记表的信息，及时与家人或朋友联系，并上报项目服务处。

4）如事故车辆出现漏油，禁止在事故现场使用点火器材，并做好现场灭火的准备。

5）在事故处理过程中其他车辆需要行驶通过交通事故现场，秩序维护部队长应临时安排巡逻人员指挥车辆行驶，确保小区内车辆行驶秩序正常。

6）秩序维护部队长应引导交通事故车主尽快对事故处理达成一致，当事故双方无法达成一致时，应引导车主按照交通事故处理程序处理。

第七章

7）当小区车辆行驶交通事故导致其他车辆无法通行时，秩序维护部队长应及时组织人员依据小区道路分布状况封闭本区域道路，在车辆行驶路口设立引导标识，引导其他车辆从其他道路行驶。

8）事故处理结束后，环境保洁部应及时安排人员对事故现场进行清理清洁。

9）事故处理结束后，由秩序维护部队长填写突发情况登记表。

（2）小区车辆停放突发事件处理程序

1）秩序维护人员在巡查过程中，应对进入或停放在小区的车辆外观进行检查，发现破损痕迹应及时告知车主。

2）巡查人员在巡逻过程中，发现车辆出现明显的新的痕迹，应立刻向当班班长报告，班长对车辆停放现场、车场监控录像进行检查，了解车辆停放过程中出现车辆损坏的原因，并将有关情况向秩序维护部队长报告。

3）客户服务中心收到业主投诉关于车辆损伤的信息，应及时通知秩序维护部队长，并详细记录业主提到的信息。

4）秩序维护部队长迅速赶到现场，对车辆损坏情况进行拍照，向门岗、巡逻岗、监控中心岗了解车辆进入小区停放过程，回放监控录像，调查评估车辆损伤情况。

5）秩序维护部队长与车主进行沟通，引导车主向保险公司秩序维护理赔。

6）秩序维护部队长填写突发情况登记表。

（3）小区车辆被盗突发事件的处理

1）客户服务中心接到车主车辆丢失信息后，应第一时间通知秩序维护部当班班长，与区域巡查人员对车辆停放现场进行保护，通知小区各门岗加强对车辆出入与外来人员的盘查，对小区进行全面检查，并报告秩序维护部队长、项目管理处经理。

2）项目管理处经理与秩序维护部队长第一时间到达现场，通过巡逻岗、小区门岗、车主了解车辆进入小区时间、车牌号码、车型、品牌等信息，详细记录并核实。

3）查看小区门岗电脑出入记录、放行记录以及小区监控记录进行备份保存。

4）秩序维护部队长协助公安部门对车辆失窃进行调查。

5）秩序维护部队长填写突发情况登记表。

（4）车辆封堵小区大门突发事件的处理程序

1）小区门岗人员在当班过程中出现小区车主封堵小区大门口的行为时，应第一时间向当班班长报告，由当班班长安排人员在小区重要路口与大门安排岗位指挥车辆通行，并向秩序维护部队长报告。

2）当车辆封堵小区所有出入大门时，班长应立即向秩序维护部队长和客户服务中心报告。

3）客户服务中心收到车辆封堵小区所有大门信息后，立刻报告项目经理、公司总经理。

4）秩序维护部队长立刻赶赴现场，组织秩序维护部人员维护小区门口秩序，同时调动人员，做好小区应急准备。

5）项目经理赶赴现场，安排工作人员对堵车现场进行拍照，并与车主进行沟通劝其到公司协商处理，如沟通需要也可安排公司其他部门主管与车主进行反复沟通。现场与车主沟通过程的视频和音频记录必须妥善保存。如遇车主沟通未果，秩序维护部在征得公司领导同意后，报警求助。

6）客户服务中心按照公司制定的关于车辆封堵突发事件回复口径回答业主的咨询。

7）项目经理负责收集保存车辆封堵大门的照片记录、视频音频电子记录，做好诉讼准备工作。

8）公司办公室起草报告，经总经理审批后将事件情况张贴通报全体业主。

9）秩序维护部队长填写突发情况登记表。

（5）车辆冲岗突发事件的处理程序

1）各门岗人员发现有人酒后驾车、拒缴停车费或实施盗窃等欲冲越岗卡时，立即向当班班长报告请求支援，想方设法拦截控制车辆。

2）如果车辆被成功拦截控制，由秩序维护部队长或当班班长与车主交涉，澄清事故责任，查勘相关设施损坏程度，协商解决或报警处理。

3）各门岗如果无法阻止车辆冲岗，应立即用对讲机报告当班班长组织拦截，记录冲岗车辆的车型、颜色、车牌照号码、驾驶员基本特征、冲卡时间等有关资料，保护好现场。

4）秩序维护部队长须立即赶到现场查明情况，及时向公司领导汇报，经公司领导同意后，报警求助。

5）秩序维护部队长立即组织查核冲岗车辆的有关资料，保存冲岗车辆入场及冲岗时的监控录像，协助公安部门立案查处。

6）警察调查取证完毕后，秩序维护部队长组织清理现场，恢复车辆通行。

7）秩序维护部队长填写突发情况登记表。

（6）突发停电事件的处理

1）小区全部突发停电事件时，当班班长确认后，立即报告秩序维护部队长，通知区域巡查人员按规定前往各门岗协助工作，并通知各门岗手动打开道闸系统对进出车辆实施登记放行。在登记过程中，对临时收费车辆收回停车卡，并放行。

2）部分门岗突发停电事件时，当班班长应安排巡逻人员指挥车辆从其他正常工作出入口进出，暂时关闭停电门岗。

3）当班班长应第一时间报告工程部进行维修。待维修结束后，恢复正常通行。

4）秩序维护部队长填写突发情况登记表。

十七、安全突发事件处理流程

安全突发事件处理流程如图 7—6 所示。

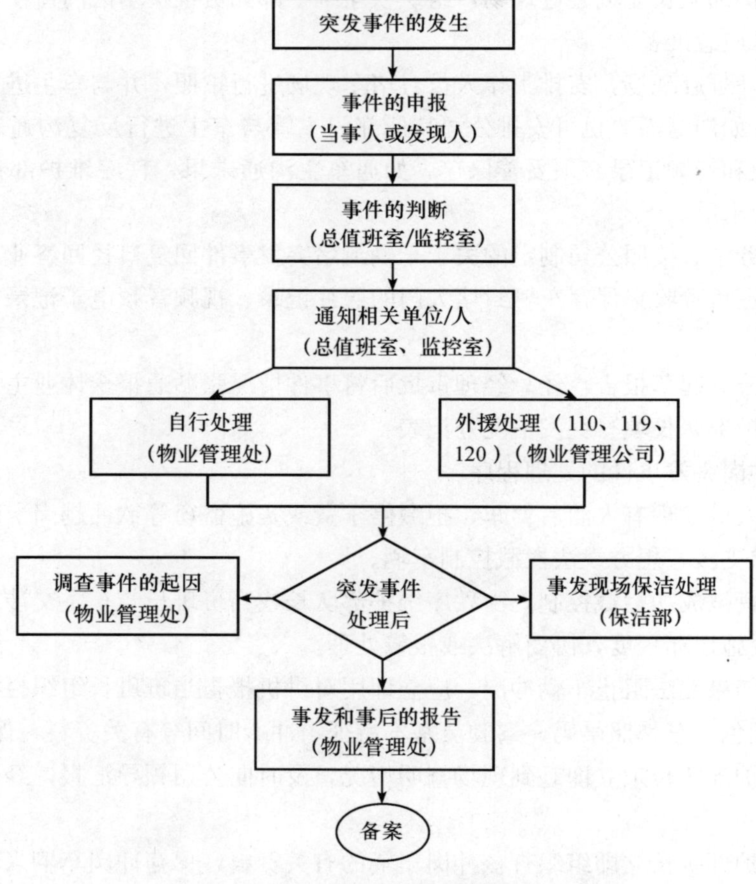

图 7—6 突发事件处理流程

第 4 节　设备故障应急处理预案

一、供电突发事故应急措施

1. 外线故障

（1）设计要求：主供电源停电、备供电源自动投入。当外线故障导致主供电源停电时，值班人员要检查真空开关的指示牌是否分闸，再检查电压和指示灯，当明确失压断电后，将主供电源进线柜真空开关退出，挂“有人工作，禁止合闸”指示牌。

（2）备用电源处于非自动位置，所以主供电源断电时不能自动合闸，检查备供电源进线柜的电表和指示灯、真空开关应处准备合闸位置，合上备供电源进线柜开关。

（3）检查变压器出线柜是否正常。

（4）检查低压受电柜，并合上低压总开关。

（5）向供电局调度室报告并了解外线故障情况。

2. 内部故障

如高压柜真空开关、高压电缆或变压器出现故障（短路或接地），属于非误操作引起，则除该高压柜停电外，甚至会引起主供电源或备供电源的受电柜停电，此时值班人员应遵守下列程序：

（1）将故障柜的真空开关退出（如果引起火警，则一人用手提式 1211 灭火器灭火，一人向消防中心报告）。

（2）将故障柜的低压总开关退出，挂“有人工作，禁止合闸”指示牌。

（3）将低压母联合闸，保证大厦设施用电。

（4）向工程部主管和动力班报告故障经过和处理情况。

（5）召开事故分析会，邀请供电局、厂商及有关方面参加，分析事故发生原因和处理措施，并书面总结报告有关部门。

3. 市电全停

（1）当主供、备用两路市电全停时，启动发电机。

（2）退出市电联系开关，合上发电机联系开关，向应急负荷供电，并每隔 15 分钟检查一次发电机运行状况，如燃油量、水温等。

（3）监视市电进线电压，尽快与供电局联系，一旦市电恢复正常，立即退出发电机电源，恢复市电供电。

（4）做好记录，及时向上级领导报告。

（5）市电失压，发电机正常情况下将在 15 秒钟自动启动。如有异常，改用手动启动。

4. 通知用户

（1）供电系统紧急故障发生后，应马上由工程主管预计修复时间。

（2）4 小时内可修复的故障，应由物业办指挥中心通知受影响业主、用户。

（3）4 小时以上才可修复的故障，应由管理处或客户单位办通知受影响业主、用户。

5. 自备发电机发电措施

（1）将发电机打在“手动”挡上。

（2）在有“市电供电”和“发电供电”的双回路供电中，断开“市电供电”回路，并挂牌。

（3）断开主变的低压进线开关，并退出母线，使开关与母线有明显的断开点。

（4）在退出母线后的低压进线开关上挂牌。

（5）启动发电机，并多巡视，确保发电机的正常运行和可靠的供电质量。

二、中央空调系统应急处理方案

1. 冷水机组

（1）巡查技工发现运行中冷水机组故障时，应马上停止该机，并开启备用机组。

（2）发现故障的技工将情况报告工程部主管，并联系设备保养商维修。

（3）设备保养商接通知后，办公时间 4 小时内到场维修，非办公时间 12 小时内到场维修，并在事后作维修报告。

2. 水泵

（1）巡查人员发现运行中的水泵异常时，应马上停止该泵，并开启备用水泵。

（2）发现故障的技工马上进行检查维修，可当场解决的问题马上修复，并记录在当值日记上。

（3）如水泵故障较严重，应马上报告工程部主管，由其安排组织人员维修，并在事后作维修报告。

3. 冷却水塔

（1）水塔电机故障

1）巡查人员发现运行中的水塔电机故障时，应马上停止该机，转开备用电机。

2）发现故障的技工马上进行检修，可当场解决的问题马上修复，并记录在当值日记上。

3）属较严重的故障应马上报告工程部主管，由其组织人员维修，并在事后作维修报告。

（2）水塔穿底漏水

1）巡查技工发现水塔穿底漏水时，应马上开启备用水塔，并将漏水水塔平衡管阀关闭。

2）发现故障人员马上将情况报告工程部主管，由其组织人员修补水塔，并在事后作维修报告。

（3）水塔溢漏

1）巡查人员发现水塔溢漏应马上检查相应的浮球开关，可当场解决的马上修复。

2）浮球开关损坏则马上停止该塔，关闭对应的进水阀，并开启备用水塔。

3）发现故障的人员将情况报告工程部主管，由其组织人员维修，并在事后作维修报告。

4. 管网系统

（1）主竖管道

1）工程人员发现或接报主管道漏水时，应马上关闭冷水机组和水泵。

2）现场用沙包拦住电缆引穿口、走廊口，以防水浸入二楼电房、用户单元，并将水引入地漏。如地漏排水量不够，则将漫出的水导入走火梯。

3）用薄铁皮将裂口围住，并用绳索或铁丝捆紧，以防水到处乱射。

4）将空调机房内管道底部排水口打开排水，但要留意水泵房污水泵抽水情况。一旦发现集水坑水位过高，则需关闭排水口。

5）马上报告工程部主管，由其安排人员抢修，并在事后作维修报告。

（2）水平管网

1）工程人员发现或接报空调水平管网漏水时，应马上将事故楼层风机房内的空调水平管阀门关闭。

2）现场用沙包拦住用户单元门口和走廊口，将水导入地漏，以防水漫入用户单元。

3）用薄铁皮围住裂口，并用铁丝或绳索捆紧，以防水到处乱射。

4）马上报告工程部主管，由其安排人员抢修，并在事后作维修报告。

（3）空调机房内的伸缩节

1）工程人员发现或接报机房内伸缩节破裂时，应按急停掣停止冷水机组，并按急停掣停止水泵。

2）将破裂伸缩节上的闸阀关闭，漏水停止后开启备用泵和冷水机组。如闸阀关闭不严，则马上将破裂的伸缩节拆除，将特制铁板用螺栓封闭闸阀出口，停止漏水后再开启机组和备用泵。

3）报告工程部主管，由其组织维修，并在事后作维修报告。

（4）空调机房内的管道

1）工程人员发现或接报空调机房内管道漏水时，应马上停止机组水泵，并将电房内的机组系统供电总开关拉断，以防电气短路。

2）用铁皮将裂口包住，并用绳索或铁丝捆紧，以防水到处乱射。

3）用沙包拦住机房门口，以防水浸入内。

4）开启机房内对应管道底的排水口排水。

5）报告工程部主管，由其组织人员抢修。

（5）知会受影响用户

事件发生后，工程部主管认为 4 小时内可修复的，应马上通过紧急知会受影响用户；超过 4 小时才能修复的，应由管理处书面通知客户单位办事处，办事处转给受影响用户。

三、发生水浸事故处理预案

1. 发生水浸事故处理流程

(1) 员工在工作中接到水浸投诉或发现水浸现象时，应立即将有关情况报告秩序维护部、工程部当班负责人。

(2) 秩序维护员应迅速到达现场查看情况，积极组织人力，采用就近区域的防水设备(消防沙带) 保护受浸楼层各电梯槽口，防止电梯受损。

(3) 物业服务公司组织各部门员工采取有效的措施，拦截和疏泄积水，防止水浸漫延，尽可能减少水浸所致损失。

(4) 发生跑水事故处理具体方法

1) 工程部将电梯开高离开水浸范围。

2) 关闭水浸区域的电闸，以防人员触电。

3) 在水浸区域摆放沙袋，防止漫延到其他部位。

4) 用一切手段塞住水浸漏洞。

5) 疏通排水地漏，排水渠。

6) 开启排水泵。

7) 用吸水机吸水。

8) 采用其他一切有效的措施。

(5) 设法查明浸水的来源并采取有效的措施加以截断

1) 如水浸来自楼内机房设施的损坏和故障，应当关闭控制有关故障部位的水擎或供水泵。

2) 如水浸来自楼外，应在楼低于水位出入口安装拦水闸板。

3) 如水浸来自市政地下水反溢，应当暂时将有反溢的地下水通往楼宇的入口封闭，并用排水泵将楼内积水排到楼外。

(6) 水浸中断后应立即通知清洁人员吸清积水，清理现场环境；通知工程部修复受损的设施，尽快恢复公寓的整洁和正常使用。

(7) 事件处理过程中应维持好楼内秩序，做好客户的安抚工作，尽力为客户克服因水浸所带来的实际困难，注意维护物业服务公司形象，对不清楚的情况不要乱讲。

(8) 如有办公室受浸，应尽快通知相关人员返回处理单元内财物。

(9) 任何公共设施的正常使用受到影响时，应在各主要出口设置告示牌告知客户，如有任何区域存在危险应在该处范围外设置警示标志牌。

(10) 记录一切详细情况，秩序维护部撰写特别事件报告，呈送物业管理管理处经理。

2. 发生跑水事故处理程序

当物业服务项目发生漏水的情况时，需按照以下程序处理。

（1）如能找到跑水的源头，应马上关闭相应的水源阀门。

（2）立即通知客户，告知跑水或漏水的情况、位置等，同时迅速通知工程人员和秩序维护员到场进行抢修。

（3）在工程人员到达之前，做到以下几点：

1）用管子或其他办法将水引至不重要的区域（后楼梯等），切忌将水引至电梯井或有电缆铺设的区域。

2）使用吸水机吸水或用废毛巾沾干等方法。

3）用指示牌或围栏将水淹区域围起来，防止其他人员通过，以免发生危险。

4）用蜗牛风机吹干受影响的区域，以便恢复其正常的使用功能。

（4）当保洁人员在清理现场时，秩序维护员应负责疏导经过的客人，尽量不让无关人员进入该区域。

（5）秩序维护员应准备手电筒，以防因跑水或漏水造成的停电情况。跑水或漏水情况严重的区域，应通知工程人员把电源切断，避免因跑水或漏水导致停电、火灾，引起人员伤亡和财产损失。

（6）协助物业管理处的管理人员对现场进行拍照，以便准备上交“意外事件”报告，并交送保险公司备案。

四、电梯故障应急处理方案

1. 电梯困人

如发生电梯困人事故，电梯维修员应按如下方法处理。

（1）把电梯主电源拉开，防止电梯意外启动，但必须保留轿厢照明。

（2）确定电梯轿厢位置。

（3）当电梯停在距某平层位置约±60 厘米范围时，维修人员可以在该平层的厅门外使用专用的厅门机械钥匙打开厅门，并用手拉开轿厢门，然后协助乘客安全撤离轿厢。

（4）当电梯未停在上述位置时，则必须用机械方法移动轿厢后救人。步骤如下：

1）轿门应保持关闭，如轿门已被拉开，则要叫乘客把轿门手动关上。利用电梯内对讲电话，通知乘客轿厢将会移动，要求乘客静待轿厢内，不要乱动。

2）在曳引电动机轴尾装上盘车装置。

3）两人把持盘车装置，防止电梯在机械松抱闸时意外或过快移动，然后另一人采用机械方法一松一紧抱闸。当抱闸松开时，另外两人用力绞动盘平装置，使轿厢向正确的方向移动。

4）按正确方向使轿厢断续地缓慢移动到平层±15 厘米位置上。

5）使抱闸恢复正常，然后在厅门对应轿门外机械打开轿厢，并协助乘客撤出轿厢。

(5) 当按上述方法和步骤操作发现异常情况时，应立即停止救援并及时通知大厦电梯维修保养承包商作出处理。

(6) 事后书面报告物业服务部经理。

2. 水浸事故

(1) 电梯维修员发现或接报发生水浸事故将会危及电梯运行时，应立刻通知物管部，当值秩序维护员通过轿厢对讲机通知客人从最近的楼层离开受影响的电梯。

(2) 电梯维修员将受影响的电梯轿厢升至最高处，并关闭该电梯。

(3) 拦住水浸楼层的电梯口，以防水浸入电梯井。

(4) 即刻将情况报告主管管理员和电梯承包商。

3. 巡查中发现电梯异常

(1) 电梯维修员巡查中发现电梯运行异常，如钢缆有毛刺、断股，控制柜有异声、异味，轿厢升降异常等危及电梯安全运行的现象发生时，应立刻通知监控中心。

(2) 监控中心当值人员通过轿厢对讲机通知客人从最近楼层离开故障电梯。

(3) 电梯维修员将故障电梯关闭。

(4) 即刻将情况报告物业服务部经理和电梯承包商。

案例 7—1

某公司物业管理工作应急预案

一、电梯困人应急预案

1. 任一员工接到业主报警或发现有乘客被困在电梯内，应立即通知秩序维护消防监控室，同时记录接报和发现时间。

2. 秩序维护消防监控室接报后，应一方面通过监控系统或对讲机了解电梯困人发生地点、被困人数、人员情况以及电梯所在楼层，另一方面通过对讲机向秩序维护部经理或当班领班汇报，请求派人或联系工程物料部前往解救。

3. 秩序维护部经理或当班领班接报后，立即亲自到场或派员到场与被困乘客取得联系，安慰乘客，要求乘客保持冷静，耐心等待求援。尤其当被困乘客惊恐不安或非常急躁，试图采用撬门等非常措施逃生时，要耐心告诫乘客不要惊慌和急躁，不要盲目采取无谓的行动，以免使故障扩大，发生危险。注意在这一过程中，现场始终不能离人，要不断与被困人员对话，及时了解被困人员的情绪和健康状况，同时及时将情况向公司总经理或值班领导汇报。

4. 工程物料部经理或值班人员接报后，应立即派人前往现场解救，必要时电话通知电梯维修公司前来抢修。如果自己无法解救，应设法采取措施，确保被困乘客的安全，等待电梯维修公司技工前来解救。

5. 如果工程物料部和电梯维修公司都无能力解救或短期时间内解救不了，应视情况向公安部门或消防部门求助（应说明求助原因和情况）。向公安、消防部门求助前应征得公司总经理或值班领导的同意。

6. 在解救过程中，如果发现被困乘客中有人晕厥、神志昏迷（尤其是老人或小孩），应立即通知医护人员到场，以便被困人员救出后即可进行抢救。

7. 被困者救出后，秩序维护部经理或当班领班应当立即向他们表示慰问，并了解他们的身体状况和需要，同时请他们提供姓名、地址、联系电话及到本小区事由。如被困者不合作自行离去，应记录下来存档备案。

8. 被困者救出后，工程物料部应立即请电梯维修公司查明故障原因，修复后方可恢复正常运行。

9. 秩序维护部经理或当班领班应详细记录事件经过情况，包括接报时间、秩序维护和维修人员到达现场时间、电梯维修公司通知和到达时间、被困人员的解救时间、被困人员的基本情况、电梯恢复正常运行时间。如果有公安、消防、医护人员到场，还应分别记录到场和离开时间、车辆号码；被困人员有伤者的，应记录伤者情况和被送往的医院。

10. 工程物料部经理或值班人员应详细记录故障发生时间、原因、解救办法和修复时间。

二、突发停电应急预案

1. 在接到停电通知的情况下，管理运作部应事先将停电线路、区域、时间、电梯使用以及安全防范要求等情况通知每个住户和商户，并在主要出入口发布停电通告；同时，工程物料部应做好停电前的应变工作。

2. 在没有接到任何通知、突然发生停电的情况下，工程物料部应立即确认是内部故障停电还是外部停电。如果是内部故障停电，应立即派人查找原因采取措施，防止故障扩大；如果是外部停电，一方面要防止突然来电引发事故，另一方面致电电力局查询停电情况，了解何时恢复供电，并将了解的情况通知管理运作部。

3. 秩序维护部立即会同工程物料部派人分头前往各楼检查电梯运行情况。发现电梯关人，立即按照电梯困人应急预案施救。

4. 管理运作部立即将停电情况通知小区内住户和商户，并在主要出入口发布停电通告，必要时启用紧急广播系统通知住户，要求住户保持冷静，做好防范。

5. 如果突发停电时，正值晚上商场营业，秩序维护部应协助商场维持好秩序，指导商户启用应急照明灯等备用照明，疏散顾客，并要注意防火，防止发生火灾。

6. 安排员工到小区各主要出入口、电梯厅维持秩序，秩序维护人员加强秩序维护措施，严防有人制造混乱，浑水摸鱼，必要时关闭大门。

7. 派人值守办公室、值班室，耐心接待住户和商户询问，做好解释和疏导工作，防止与住户、商户发生冲突。

8. 详细记录停电事故始末时间、发生原因、应对措施以及造成的损失。

9. 突发停电的预防措施。

(1) 工程物料部应经常检查应急照明和紧急广播系统，确保正常。

(2) 管理运作部应提醒写字楼住户备置一些应急照明灯或蜡烛，以防停电。

(3) 秩序维护部、工程物料部除配置巡逻、检修用的电筒外，还应配置手提式应急照明灯，并时时充电保养，保持完好。

二、液化气泄漏应急预案

1. 接到业主报警或发现液化气泄漏后，公司员工应立即通知秩序维护部经理或当班领班，并马上赶到现场查看情况，必要时疏散人员，并禁用电气设备（包括手机、电话和对讲机等通信设备）。

2. 秩序维护部经理或当班领班接报后，一方面立即派员前往现场支援，并通知工程物料部，另一方面视情况通知液化气公司和消防支队。

3. 工程物料部接到通知后，急速赶赴现场，协助秩序维护部施救。

4. 如果液化气泄漏发生在室外，应马上疏散周围人员，建立警戒线，防止围观，并严禁烟火和使用电气设备。

5. 如果液化气泄漏发生在室内，要保持冷静，谨慎行事，切记现场不可按门铃、启闭照明灯、开换气扇、打报警电话、使用对讲机以及关闭电闸，也不要脱换衣服，以防静电火花引爆泄漏的气体。

6. 施救人员进入室内前，应采取一定的防范措施，戴上防毒面具；没有防毒面具，则用湿毛巾捂住口鼻，尽可能屏住呼吸；进入室内后，应立即切断液化气总阀，打开门窗，加快气体扩散，并疏散现场范围内的非相关人员，协助救援、抢修的消防人员和维修人员维持现场秩序。

7. 发现有中毒、受伤者，应立即妥善地将受伤人员抬离现场，送往安全地区，必要时施行人工呼吸，并通知医疗部门前来救护或将受伤人员送往医院抢救。

8. 秩序维护部和工程物料部应详细记录液化气泄漏的时间、地点、故障情况和修复过程。如果有人员伤亡，应详细记录伤亡人员的姓名、性别、年龄、抢救医院。

9. 秩序维护员和设备巡检人员在平时巡逻时应提高警惕，遇有异常气味时，应小心处理，同时应掌握液化器总闸的位置和关闭方法。

三、盗窃和破坏事件应急预案

1. 任一员工发现盗窃和破坏事件或接到报警后，应立即查清楼号、单元号、楼层，通知秩序维护部或当班秩序维护领班派员前往现场查验，并通知监控值班员密切注意相关画面，监视犯罪嫌疑人动向。

2. 秩序维护人员巡逻时发现有人在小区内实施盗窃或破坏行为，应马上用对讲机向秩序维护部经理或当班领班汇报，并通知消防监控室协助监视；同时保持冷静，如能处理的可及时处理，否则监视现场，记住犯罪嫌疑人的面貌、体形、服饰和特征，防止犯罪嫌疑人逃逸，并注意自身安全。

3. 秩序维护部经理或当班领班接报后，视情况尽快派适当数量的秩序维护人员赶赴现场，尽可能制止一切盗窃和破坏行为，在力所能及的情况下堵截捉拿犯罪嫌疑人，同时向警方报警。

4. 秩序维护人员在事件中捕获犯罪嫌疑人，应询问记录后移交警方处理，并根据警方要求提供情况和证据，严禁施刑拷打、审讯和扣押，并应劝阻业主和围观人员打骂犯罪嫌疑人。

5. 如果犯罪嫌疑人在警方到来以前已逃离现场，秩序维护人员应注意保护现场，阻止任何人员接近现场，并不得触动现场任何物品和门窗，等候警方前来处理。

6. 如果在作案现场发现有人受伤，应保护好现场的基础上通知医护人员救护。

7. 在抓捕犯罪嫌疑人的过程中，如果有需要可临时关闭所有出入口，劝阻业主及访客暂停出入，配合防止犯罪嫌疑人乘机逃逸。

8. 警方人员到达后，秩序维护员应清楚记下警官官衔、编号及报案编号，并积极提供线索，配合警方人员办案。

9. 在事件中涉及财产损失和人员伤害，应摄下照片或录像，留下当事人员和目击者，供警方详细调查以明确责任和落实赔偿。

四、意外伤亡应急预案

（略）

五、水浸应急预案

1. 员工接到报警或发现小区范围内出现水浸事故时，应立即将进水地点、楼层、水源、水势情况报告当值领导、工程物料部值班人员和当班秩序维护领班，并在支援人员到达以前尽量控制现场水势，防止水浸范围扩大。

2. 相关人员接报后，立即派员就近采用防水设施保护好受浸楼层各电梯槽口，并将电梯升上最高层，切断电源，以免电梯受损；如果电梯轿厢控制面板已经进水，则应立即切断电源，切忌升降电梯，以防故障扩大。

3. 立即查明水浸原因，采取措施（包括关闭水泵、关闭水阀、封堵水管、堵塞漏洞、疏通排水管道、打开末端放水等），切断水源，并关闭受浸区域的电闸，防止人员触电。如果水源来自供水总管或工程物料部无力解决时，应立即通知自来水公司前来抢修。

4. 在水漫延的通道上摆设拦水沙包或采取其他一切有效措施，防止水漫延到设备房、配电室、业主室内或其他楼层。

5. 组织力量采用各种手段，包括采用扫帚、吸水机吸水，排净积水，清理现场，尽快恢复整洁。

6. 水源中断后，工程物料部应立即派人尽快修复受损设施；秩序维护部、行政部应设法维持小区内秩序，并耐心做好住户的安慰解释工作，尽力解决水浸给住户带来的实际困难，并注意维护物业公司的形象。

7. 如在水浸事故后，有任何公共设施的正常使用受到影响或由此引发停电停水，应知会相关业主或在小区各主要出入口设置告示，知会全体业主；如有任何区域存在危险性，应在该范围内设置警告标志。

8. 召开会议，分析事故发生原因，总结经验教训，并采取措施，防止出现类似事故。

9. 详细记录水浸事故发生经过和采取的措施以及受损情况。

10. 一些常见水浸事故的预防措施：

(1) 秩序维护人员巡逻和设备巡检时，应留意排水渠道是否有淤泥、杂物或塑胶袋，有否堵塞，并随时加以清理疏通；清洁工定时清扫天台、排水沟，防止雨后垃圾冲入排水口造成堵塞。

(2) 加强对消防喷淋系统的巡视，防止碰撞、移动喷淋头或消火栓引起水浸。

(3) 灾害性天气（台风、暴雨、大雪等）来临前，工程部人员应对小区内门窗、天台、排水沟渠、集水井、排水泵等进行一次全面检查，发现问题及时修复。

(4) 管道工在操作安装、维修时应严格按照操作规程操作，防止因操作不当引发水浸事故。

(5) 对业主、用户装修要加强管理，防止由于业主、用户在进行管道安装尤其是消防喷淋系统试压时施工不当引起水浸事故。

(6) 平时应备足沙包作为应急用。

思考与练习

1. 物业服务企业应急工作小组由哪些人构成？
2. 突发事件处理原则有哪些？
3. 简要说明突发事件处理的方法。
4. 二级疫情防治预案有哪些内容？
5. 如何开展火灾事故的紧急处理？
6. 供电突发事故应急措施包含哪些内容？